学校は行かなくてもいい

親子で読みたい「正しい不登校のやり方」

小幡和輝

健康ジャーナル社

マンガ・カバーイラスト　若林杏樹
ブックデザイン　小田直司（ナナグラフィックス）

●●●● この本の著者である「僕」●●●●

小幡和輝 | おばたかずき | @nagomiobata

NagomiShareFund & 地方創生会議 Founder ／内閣府地域活性化伝道師。# 不登校は不幸じゃない 発起人。1994 年、和歌山県生まれ。約 10 年間の不登校を経験。当時は 1 日のほとんどをゲームに費やし、トータルのプレイ時間は 30,000 時間を超える。その後、定時制高校に入学。地域のために活動する同世代、社会人に影響を受け、高校 3 年で起業。様々なプロジェクトを立ち上げる。2017 年、47 都道府県すべてから参加者を集めて、世界遺産の高野山で開催した「地方創生会議」が Twitter のトレンド 1 位を獲得。その後、クラウドファンディングと連携した 1 億円規模の地方創生ファンド「NagomiShareFund」を設立し、地方創生の新しい仕組みを構築中。GlobalShapers（ダボス会議が認定する世界の若手リーダー）に選出。

はじめに

２０１７年の終わり頃《ころ》、僕《ぼく》は一冊の本を出しました。『不登校から高校生社長へ』というタイトルで、僕の不登校の体験とそこから得たものを、現実に今、不登校や居場所がなくて苦しんでいる若い子たちに向けて綴《つづ》ったものです。「自分の実体験を本にして、日本中の学校に配りたい！」と、インターネットで小額の資金をたくさんの方から募る「クラウドファンディング」という手法を使って、２２８名の方から１２９万６千円の支援《しえん》を受けて自費出版することができました。

その目的は少しだけ果たすことができたけど、なにしろ学校の数は小中学校だけで３万校以上もあるので、読んでほしい人たちにちゃんと届《とど》いたかどうかと言えば、まだまだ道半ばというのが実際のところです。それで今回、全国の本屋さんやネット書店で買ってもらえるような本を改めて作ることになりました。

不登校を扱《あつか》った本は世の中にたくさんあります。だけどそれらの多くは、そうした問題に詳《くわ》しい教育関係者だったり、不登校からわが子を立ち直らせた親の話だったりして、「こうすれば不登校じゃなくなりますよ」といったハウツー書のようになっています。僕は「不登校じゃなくなる」というより、「不登校でも大丈夫《だいじょうぶ》な生き方」を伝えたいと思っています。学校には行けるほうがいいかもしれない。でも、どうしても合わない子もいるからです。

ほかの本を否定するつもりは全然ないけど、やっぱり実際に不登校だった本人たちの声はどこか置き去りにされている気がします。だから、僕のように不登校だった人間がこうして本を出すことに意味があると思うのです。

前回の本と違《ちが》うのは、この本を最初に手に取ってくれるのが不登校の本人ではなく、そんな彼《かれ》や彼女《かのじょ》のお父さんやお母さんだということ。だから、最初に保護者の方に読んでもらって、「そうか、うちの子もこういう気持ちなのかもしれない」とか、「こういう道もあるのか！」と理解してもらうことが大事だと考えました。その上で、「これおもしろいから読んでみたら」と、本人に勧《すす》めてもらえるような内容にしたいと。それがどこまで実現できているかわからないけど、「合格」だと思ったら、ぜひ本人に渡《わた》してあげてほしいと思っています。また、学校の先生方にもぜひ読んでみてほしいと思っています。

少しだけ自分の話をしておきます。僕は幼稚園《ようちえん》の初めから小学2年生の途中《とちゅう》まで、学校に行ったり行かなかったりをくり返し、以降はほとんど学校に行かなくなって、そのまま中学校3年間も不登校でした。合計で約10年です。学校には行かずにずっとゲームをしていました。僕がゲームに費やした時間はおよそ3万時間です。

それからいろいろあって、僕は今23歳《さい》で大学生となり、自分の会社を作って社長になっています。起業したのは18歳、高校3年生のときです。

きっかけは同世代のすごく頑張《がんば》ってるやつに出会ったこと。彼は学校に行って、部活をやって、アルバイトもやって、生徒会もやって、音楽が好きで自分でバンドを組んでライブイベントまでやっていました。その頃、定時制高校に通っていた僕は、彼に憧《あこが》れてそのイベントを手伝うようになりました。その頃から僕の人生は大きく変わり始めました。イベントを手伝っているうちに、今度は自分でも何かやりたいと思うようになったのが高校3年生の夏で、自分でイベントを企画《きかく》してみたら、それがとにかくすごく楽しくて、そのままの勢いで起業をして「今」に至っています。

僕は、自分に人並み外れた行動力があるとは思っていません。その時々《ときどき》で夢中になれるものを見つけることができただけです。それがゲームであり、イベントだったということ。そして、これまでの人生でいくつか選択《せんたく》をしてきた中に、「学校に行かない」という選択肢《せんたくし》もあったということです。「人生を変えるきっかけ」の中には、もしかすると「学校へ行かないこと」だって含《ふく》まれるのかもしれない。良い意味で。

保護者の皆《みな》さんや学校の先生方は、「学校に行かない」ことを「逃《に》げてる」と感じるんじゃないかと思います。そこには「卑怯《ひきょう》だ」という感情が含まれると思うけれど、僕はそうじゃないと思っています。誰《だれ》もが何の疑問もなく行っている学校に、自らの意思で行かないということは、ものすごくエネルギーが必要なことだからです。

本当はちゃんと自分の気持ちを伝えたいし、わかってもらいたいけど、まだ子どもだからうまく伝えられないし、自分の心の中にあるものを言葉にすることも上手にはできません。だから逃げるしかない。でも、それは卑怯なことじゃない。逃げるのにだって勇気がいる。そのことを少しでもわかってあげてほしいと思います。むしろ、「逃げる」という言葉を肯《こう》定《てい》的に捉《とら》えてもらえたらと思います。

本書では、「学校に行かない」という選択をした僕が、「もし学校に行かないのであれば、これはやっておいたほうがいい」ということなどをまとめてみました。いわば「正しい不登校のやり方」です。そして、僕の体験や社会で活躍《かつやく》している不登校だった人たちの話を紹介《しょうかい》して、まだ気づいていないだけでじつはいろいろな「選択肢」があるのかもしれない、ということについて考えてもらえたらと思っています。

子どもを持つ保護者の皆さん、学校関係者の皆さん、そしていま学校に居場所がなくてつらい思いをしているみんなへ。こんな生き方もあるよ！

小幡和輝

学校は行かなくてもいい

CONTENTS

最初は、僕がどんなふうに不登校になったかを
簡単にまとめたマンガです。
題して、「僕は不登校でした」。

僕は大学生
学校に来ると
友人が大勢いる。
でも――
キャンパスライフは
どこかくすぐったくて
慣れない。
なぜなら僕は
小学2年から
中学3年まで
不登校だった
からであり、
今日も
やめとこ…
小幡?
あれ…
小幡ぁ!
先生
今日も
お休みでーす!
教室で仲間と
楽しく過ごした
経験がほとんど
ないからだ。

今は学校に行くのは苦じゃない。
ザッ ザッ
行ってきます！
じゃあね〜！
不登校のときは
なんで行かないんだ!? なんで!?
どん
理由を言え！
「なんで」と言われてもはっきりした理由があったわけじゃあない。
小学校2年のとき
3−5ってあるの？
えー 3から5は引けないよ
それまちがってるんじゃない？

オレわかるよ！
ニコッ
え～うそおっ
答えは～
きゅ～っ
-2です！
ばーんっ
3−5＝−2
ボクは答えがわかって有頂天だった。
でも、みんなの視線は、
3−5＝−2
なぜか冷たかった――
マイナス？
マイナスって何？
……。

小学2年生の時は「マイナス」という概念がない。僕の答えはまるで異世界の言葉で意味不明。
えっ
みんなどうしたの？
翌日——
ガラ
ねー
それ以降も何度かそういうことがあったけど、
これ知ってる？
……。
僕も知らないよ…
それが段々と苦痛になり、
学校に行くのがイヤになってきた。
さらに追い打ちをかけるようにガキ大将になぐられた。理由はわからない。
あっはっは
オーマイガッ
この日から僕は
不登校になった。

実は僕、幼稚園の頃から集団生活が苦手だった。

色んなことの積み重ねで学校に行くのが嫌になっていた。だから殴られて行かない理由ができたのはちょっとラッキーだった。

ちょっと和輝！行く時間でしょ！

殴る奴がいるから行かない
そんなわけで時間ができた僕はゲームにハマった。

おっしゃ〜クリアー!!

テテテーン♪

時間にして3万時間、でも僕はひきこもらなかった。

近所に住むいとこのにいちゃんも不登校だったので、遊んでもらったり
時にはゲームの専門店へも出かけて行った。そこでは誰も不登校と知らなかったので気が楽だった。

あの時間がずっとつづいていたら僕は死んでいたかもしれない。

ゾロゾロ…

やだ。絶対行きたくない!!

僕は逃げ出すことにした。それが良かったと今は感じている。

逃げるのにもたくさんのエネルギーが必要なんだ—

ちょっと
小幡っ 聞いてる?
はっ
ちょい♡
えっ
あ、ごめん 聞いてなかった
こいつ中学の修学旅行 ディズニーランド 行ったんだってさ
いいよねディズニー たのしかったわー
おー マジか
中学の修学旅行で 行くかよ! オレなんてＵＳＪ 止まりだぜ~ なぁ小幡
ぐりぐり
う…うん そうだね
オレなんて四国の 高知だったぜ
おまけにさー お袋の実家だし
ギャハハハ!! 高知ィ~

あら、でも、
それはそれで楽しい
でしょ～？
いいじゃん
まぁ
そりゃそうだけど
で、
小幡は
どこいったの？
ギクッ
えーと
行ってない
え！
どういう
こと？
僕さ、実は
不登校だったから
中学の修学旅行、行って
ないんだよねーっ
不登校は小2から
だけど

!?
ちょっと信じられん
なに？小学生から不登校？
マジうけるー
マジで？
いや〜
なんで不登校
イヤー 3−5＝マイナス2って答えたから
ははは
え？
あんなにしんどかった不登校も今では立派なネタである。それもあのとき、
あはっ
「逃げだした」おかげである。
続く

part.1

不登校で何かマズイことでもある？

―不登校もひとつの選択肢

「なんとなく行きたくない」から始まる不登校

不登校の子どもが13万人

文部科学省の学校基本調査では、日本の小中学校には約13万人の不登校の子どもがいる（2016年調べ）。生徒数は約989万人だから、約1・3％が不登校という計算になる。13万人と言うと……東京ドームの収容人員が4万6千人なので、AKB48の東京ドーム3夜連続公演を観にきた全員がほぼ不登校というのと同じくらいになる。

ところで、お役所が定めた「不登校」の定義は、おおまかに言って「年間30日以上の欠席」となっている。ここには、「保健室登校」や、本当は学校に行きたくないけど親や先生に言われて仕方なく行っている子、あるいは早退がかなりあっても、年間の欠席が30日に満たなければ不登校には含まれていない。僕はこの不登校の定義は適切ではないと思っている。

本書では、年間30日未満の欠席にかかわらず「学校に行きたくない」という思いを持っている人を実質「不登校」と定義する。本書を一番読んでほしい子たちだ。

最初に保護者の方に言っておきたいのは、何がつらいって、それは自分が「不登校」であることではなくて、「学校に居場所がないこと」だ。僕もそうだったからわかる。それでも親は「学校に行け」と言うし、先生は「学校に来なさい」と言う。それは一体誰のための言葉なのだろうかと僕は思ってしまう。

「居場所がなければ作ればいいじゃないか」と、大人は安易に思うかもしれない。でも、職場でそういう状況《じょうきょう》になったと仮定してみてほしい。自分の居場所がない状況を打開するためには何をしなければならないか。そしてそれと同じことを、不登校の子に求めることは実際のところ可能なのかどうかと。

不登校というのは、そういう状況で過ごすことをあきらめて、学校に行くことを避《さ》けた形になるけど、それは仕方のないことだと僕は思う。

少なくとも全国で13万人の子どもたちがそういう判断をしている現実があるということだし、みんなそれぞれにいろいろな事情があるから一概《いちがい》には言えない面もあるけれど、それでも僕は彼らが不登校を選択したことは、むしろ賢明《けんめい》な判断なんじゃないかと思っている。

不登校はなんとなくの違和感から始まった

僕の過去を振《ふ》り返ってみると、幼稚園の頃からなんとなく集団生活に違和感《いわかん》があった。それは誰かが決めたルールに対しての不満や不安だったのかもしれない。自分はもっとこれをやっていたいのに、まわりの人に合わせてやめないといけないし、決められた時間に決められた行動をとらないといけない。なぜそうしなければいけないのか、その理由が僕にはよくわからなかった。

「集団生活とはそういうものだ」と言われると困ってしまうけど、僕はそれが嫌《いや》で、幼稚園の頃からすでに休みがちだった。そして、「学校が嫌《きら》い」という気持ちがはっきりと出てきたのが、小学校に入ってからになる。

よく覚えているエピソードがあって、クラスで雑談をしているときに誰かが、「3引く5は?」と言い出した。答えは簡単、大人なら誰でもわかる「マイナス2」だ。でも、小学校低学年にはまだ「マイナス」という概念《がいねん》がないから、普通《ふつう》は答えにつまってしまう。でも、僕は答えを知っていたから「マイナス2だよ」と自信を持って答えた。

このときの僕の気持ちはこうだ。

「小幡くんは難しいことを知っててすごいなぁ〜」

そして、みんなから驚《おどろ》きとも尊敬ともつかない歓声《かんせい》が上がるのではないかと思っていた。ちょっとしたヒーローになる感じ？

しかし、現実にはそうはならなかった。マイナスの意味がわからないから、みんなキョトンとしていて、それでまったくの無言になってしまった。というより、むしろ僕が間違《まちが》っているかのような雰囲気《ふんいき》になってしまった。

まるで他人よりも物知りなことが「悪」みたいな状況になって僕は戸惑《とまど》い、なんだか昇《のぼ》っていたはしごを急に外されたかのようだった。

今はインターネットのおかげで、誰でも興味があることをとことん調べられる時代になった。だから、当時の僕よりもこんなことが起きやすいんじゃないかと思う。でも、ここで保護者の方にお伝えしておきたいのは、間違っても「じゃあインターネットを使わせないでおこう」なんて思わないでほしいということ。だって、それはその子の「才能」の芽をつぶしてしまうということなのだから。

僕の話に戻《もど》ると、以降も同じようことが何度かあった。僕はたまたま好奇心《こうきしん》が強くて、いろいろなことに興味を持っていたからだろう、みんなよりは少しだけいろいろなことを知っていたような気がする。でも、そのときの嫌な経験があったから、僕は普段《ふだん》の会話でも自分の知識をおさえて話をするようになっていった。

それが「空気を読む」ということなのかもしれない。でも、僕にとってはとても居《い》心地《ごこち》が悪く、だんだんと耐《た》えられなくなっていった。

ところで、僕には5歳上のいとこが近所に住んでいて、よく一緒《いっしょ》に遊んでいた。小学校低学年のときから常に付き合える中学生がまわりにいる環境《かんきょう》だったわけで、なんとなく学校に息苦しさを感じていた僕は、いとこと一緒にいる時間が自然と増えていった。

今から思うと、このことも不登校になるきっかけのひとつだったかもしれない。学校に行くのが嫌だなと思ったら、いとこのところへ行くことができたのだ。そのいとこの兄ちゃんも、じつは不登校になっていたんだけど。

僕の人生で一番つらかったとき

僕の父親は当時中学校の教師をしていて、母親も学生時代はずっと家庭教師をしていたらしい。かなり教育熱心な両親に育てられたのだと思う。中にはそういう環境だけで反発する子もいると思う。

でも、僕は勉強が嫌いだったかというとそうではなく、父親が放課後、個別に生徒に勉強を教えていると僕も一緒に勉強したくらいだから、むしろ勉強は好きなほうだった。好奇心も旺盛《おうせい》だったし。

学校には違和感があったけど、親が教師ということもあって、子どもながらに「親の顔をつぶしてはいけない」という義務感のようなものがあったことは確かだ。それで我慢《がまん》して学校に行っていた。学校への違和感がはっきりとしてきた頃からは、学校以外で会う年上のいとこや友だちとの時間が、今まで以上に楽しく感じられた。

そうこうするうちに、学校へ行きたくないという思いが日に日に強くなっていき、どんどん休みがちになってきた。でも、スムーズに休めたかというとそんなことはない。

毎朝玄関《げんかん》で両親と口論になった。「どうして行きたくないんだ!」と聞かれても、「なんとなく……」としか出てこない。「なんとなく」だなんて、両親は僕がふざけているんじゃないかと思ったに違いない。

でも僕としては、学校よりもいとこや友だちと遊んでいる時間のほうが楽しいし、それを正直に言えば、「じゃあ付き合うな!」と言われるのがわかっていたから、「なんとなく」としか答えようがなかったのだ。もちろん、僕が感じていた違和感についてうまく説明もできなかった。

その結果、両親との仲は悪くなり、それでも行きたくない学校に嫌々《いやいや》行っている状態が続いた。僕の人生の中で一番つらかった時期だ。

9月1日は子どもの自殺が多い。長い夏休みが明けて、学校というつらい場所に戻らなければならない日だから。そのことに耐えられず、自ら命を絶ってしまうわけだけど、僕にはそのつらさがよくわかる。僕だって嫌々学校に行っている期間がもっと長く続いていたら、同じように9月1日をむかえたら自殺していたかもしれない。

僕はそうなる前に、学校からエスケープできる「理由」ができたから助かったのだと思う。

学校に行きたくない理由は人それぞれ

ある日、僕はクラスのガキ大将にいじめられた。理由はまったくわからないので想像するしかないのだけれど、多分休みがちになっている僕のことが気に入らなくて、「ズル休みばかりしやがって生意気だ！」とでも思ったのだろう、いきなり理由もなく殴《なぐ》られた。これが決定打となって、僕は学校に行かなくなった。ちょうど小学2年生が終わるくらいのことで、３年生からはほとんど学校に行かなかった。

今から思うと、いじめられたことで学校を休むわかりやすい理由ができたわけで、いじめてくれたガキ大将には、ある意味感謝をしたいくらいだ。もっともそれは今だから言えることだけど。

これが僕の事情。不登校には人それぞれのいろいろな理由があると思う。いとこの兄ちゃんも、この時期から不登校になっていたけど、彼も学校でいろいろあったみたいだ。僕が知っている不登校の友人の中には、病気がきっかけで不登校になった子もいれば、もちろんいじめが原因でなったという子もいる。勉強についていけなかった子もいたろうし、逆に学校の勉強が簡単すぎてつまらないという子だっていたと思う。

理由は人それぞれ違うし、僕の事例がすべてに当てはまるとは全然思わない。しかし、今までにたくさんの当事者と出会って話をするうちに、僕には僕なりの答えというか、対処方法のようなものが見えてきた。

あくまでも僕の意見でしかないけれど、次からは実際に不登校になっている子たちに向けて、不登校は別に悪いことじゃないし、ひとつの選択肢に過ぎないという理由について書いてみたいと思う。

学校に行かなければならない理由はない

学校の役割って何だろう？

学校が持つ役割は大きく分けてふたつだと思っている。ひとつは学問を勉強する場所としての役割。国語、算数、理科、社会といった教科をはじめ、家庭や保険体育に加えて、これからはプログラミングも必修になる。義務教育というのはよくできていて、人間が生きて行く上で必要最低限の学問の知識をきちんと教えてくれるようになっている。

しかし、それがすべて人生に役立つかとなると疑問も残る。特に中学校に入ってからの学校教育は、多くが大学受験を意識したものになっていて、実際の社会生活に必要な知識からは少し外れているようにも感じる。高校の数学で学ぶ三角関数のサイン、コサイン、タンジェントや理科の実験なんて、実際に社会人としての生活にどれだけ役に立つのか疑問に感じる人も少なくないはずだ。もちろんすべてが無駄《むだ》だとは思わない。専門的な知識を必要とする仕事はたくさんあるのだから。

昔と違って、今はネット検索《けんさく》すればたいていのことは調べることができるし、スマホの使い方さえわかっていれば、大半の知識はなくても心配いらない。そういう時代なのだから、社会で生きて行くための最低レベルの知識を自宅学習で学んでおけば、わざわざ行きたくない学校に我慢して行く必要はないと僕は思う。

実際、ほとんど学校に行っていない僕が困ったのは漢字と英語くらいだ。他の知識はほとんど使わない。漢字や英語といった言語は、一旦《いったん》調べてから使うというよりは、その場その場で臨機応変に使わないといけないものだから、やっぱり学んでおいたほうがいいと思う。たとえ不登校であっても絶対に勉強はしておくべきだ、というのが僕からのアドバイス。

日本の教育は社会の変化とスピードに追いついていない。それに、そもそも勉強自体、何のために教えているのかわからないという声も聞く。そうしたことを考えると、学校教育の大半はあまり実用的ではないと言ってもいいと思う。それが僕の考えだ。

コミュニティの重要性

学校のもうひとつの役割は、同世代のコミュニティ作りと人間関係を学ぶ場所だということ。学校生活の中でもいろいろな人間関係を学ぶ。友だち付き合い、空気を読むこと、先輩後輩《せんぱいこうはい》の上下関係や恋愛《れんあい》など、同世代のコミュニティの中でも学ぶことは多い。ほとんどのことが検索できる今の社会においては、こうした「経験を積むこと」のほうが重要だ。

でも、これだって「学校でなければできないこと」かと考えると、僕はそうは思わない。学校以外でもできるはず。ということは、学校に代わる「居場所」はやっぱり必要だということになる。僕は学校には行かなかったけど、適応指導教室（教育支援センター）というところに通っていた。

適応指導教室は、自治体が運営する不登校の子どもたちが集まる場所で、そこではいろいろな世代の子どもがいて、よく一緒に遊んだ。

それから僕はゲームが大好きで、ゲームをする仲間との交流もあった。ゲーム専門店の大会でつながった友だちとは今でも連絡《れんらく》を取り合っているけど、その中に学校の友だちはまったくいない。僕のコミュニティは完全に学校の外にあった。

そんな学校外でつながった友人の中に、僕がとても影響《えいきょう》を受けた人がいる。次のマンガに登場する「彼」のことだ。彼は学校、アルバイト、生徒会、部活を積極的にやりながら、音楽も好きでバンドを組んでライブまでやっていた。当時は僕も同じ高校生（僕は夜間の定時制高校）だったけど、自分とのあまりの違いにビックリしてしまった。キラキラしてまぶしかったのだ。

会ったその日に、彼からライブのスタッフとして手伝ってくれないかと誘《さそ》われて、僕は引き受けた。それくらい興味を持ってしまったのだ。それをきっかけにイベントそのものにも興味を持つようになり、今では自分で会社を作って仕事にしてしまっているくらいだ。

僕が不登校からそんな世界に行ったという話をすると、まわりからはとても驚かれる。きっと僕が引きこもりで、コミュニケーションができない人間だという先入観があるからだと思う。不登校といっても学校以外でいろいろな人と話をしていた僕は、コミュニケーションがそんなに苦にはならなかった。

イベントを企画することへのハードルが低かったのは、ゲーム専門店で大会を運営することが多く、いつもの延長線上という感じがあったからだと思う。とにかく、学校以外にコミュニティ（＝居場所）があったことは、本当によかったと思っている。

学校に行かないことは楽じゃない

以上のように、学校が持つ役割というのは別の形でも代用が可能だ。しかし、それには負担がかかるということを言っておきたい。子どもの年齢《ねんれい》や環境によっては、親がずっと家でつきっきりになる必要があるだろうし、場合によってはホームスクールの家庭教師を雇《やと》ったり、違うコミュニティで仲間を作るためにどこかへ連れて行ったりする手間や費用など、さまざまな形で負担がかかるからだ。

そういう負担のことを考える必要がないのが「学校」だ。勉強や人間関係などを学ぶのに、学校というひとつの場所で完結してくれるのだからとてもコストパフォーマンスがいいということになる。本当は、学校が「行きたい場所」になっていると一番いいけど、残念ながらそう思っていない子どもがたくさんいるというのが現実だ。

僕が学校以外の場所を選択できたのは、そうした場所が家の近くにあったこと、母親が専業主婦で家にずっといたことも大きいと思う。だから、すべての子どもにこの選択ができるとは思わない。でも、条件がととのえば学校に行く必要はないというひとつの事例にはなると思う。

義務教育の「義務」は「学校に行く義務」じゃなかった

本当は行きたくないけど嫌々学校に行っている子や、「学校に行け！」と言う大人の多くが勘違《かんちが》いしていると思うことがある。それは「義務教育」という言葉の意味だ。

義務教育の義務とは、「子どもは小中学校に通わなければならない義務がある」という意味じゃない。市町村が区域内に学校を作らなければならないという義務のことであり、適切な年齢の子どもを持つ保護者は子どもに教育を受けさせる義務があるという意味だ。親にとっては「教育を受けさせる義務」イコール「学校に行かせる」ことだけど、それは教育を受ける場所が学校しかないと考えられているからだと思う。

いずれにせよ、「子どもの義務」ではないということ。自分の意思で学校に行かないのであれば問題はないし、「義務教育だから学校へ行かないと！」という意見は、じつは見当違いだということを言っておきたいと思う。

さて、次のページは僕が実際に話を聞きに行った、僕以外の不登校体験のケーススタディです。

家入一真｜いえいりかずま

1978年福岡県出身。中学2年から登校拒否、極度の引きこもりに。県立高校を1年で中退後、大検を取得し東京藝大を目指す。新聞奨学生をしながら藝大予備校に通い留年するが、父親の交通事故や自己破産などがあり、止むを得ず就職。デザイン会社に入社し、在職中にウェブサイトのデザインや開発に興味を持つ。22歳で株式会社paperboy&co.を福岡で創業、ロリポップレンタルサーバー、ムームードメイン、カラーミーショップ、ブクログなどを立ち上げ、25歳で株式の一部を株式会社GMO（東証一部）にバイアウト。29歳でJASDAQ市場に最年少で上場する。現在は、クラウドファンディング「CAMPFIRE」代表取締役CEO。スマートEC「BASE」共同創業取締役。その他、多数の企業の役員や顧問を務め、50社程のスタートアップ・ベンチャー投資も行う。また、現代の駆け込み寺（シェアハウス）「リバ邸」などの居場所づくりを行っている。

きっかけは「毛」!?

僕は中学2年のときに不登校になりました。それまでは、クラスで人を笑わせたり、もともと絵を描《か》くのがずっと好きだったので4コマ漫画《まんが》を描いてみんなに見せたりして、中央で盛り上げるというわけではなかったけれど、わりと明るいタイプの子どもでした。

スポーツの成績は「1」でしたが、相方というか仲のいいやつがいて、そいつはスポーツができて、見た目もちょっとカッコいい。帰り道が一緒で、おたがいに家が貧しかったので、なんとなく親しいものを感じて仲がよかったんです。

ある日、そいつにチン毛が生《は》えた。今だと笑い話ですけど、当時としてはなかなか繊細《せんさい》な問題じゃないですか。僕はまだ全然生えてなかったし。

「誰にも言えんけど、これはお前にだけ話す」と彼が僕に言ったんです。

ところが、「この話はウケる」と思って、みんなに言っちゃったんですよね。それで喧嘩《けんか》のようになってしまって、一方的に「これからは仲間外れだ」みたいになってしまった。それこそ、昨日までは昼休みにみんなで遊んでたのが、次の日からは誘われなくなった。「やばい、どうしよう」と思ったし、一人でいるのがつらいわけです。

それからは、教室で一人なのを見られるのがすごく嫌で、とりあえず図書室に行っていました。ある日を境に、急にそういうふうになってしまって、それでも何とか学校には行ってはいたのだけれど、やっぱりね……。

親にはすごく申し訳ない気持ちに

親には「学校に行ってきます」と言って家を出るのだけれど、家の裏にある納屋《なや》かなんかにずっと隠《かく》れてました。でもすぐにバレた。「あんた学校行ってないな。どこにおるん？」と。

それでも、「いや、行ってる」と嘘《うそ》をついて、また次の日も「行ってきます」と家を出るのですが、隠れているところを見つかってしまい、学校に引っ張って連れて行かれて、でも逃げて……みたいになっていきました。

中3になったらクラス替《が》えがあるから行けるかなと思ったけど、結局無理でした。行ってない時期が結構多くて、たまに行ってもいつも一人って感じでした。

何だかよくわからないけど、親にはすごく申し訳ないみたいな気持ちがありました。

申し訳なさとか情けなさとか、いろんな感情が入り乱れてて。

「お前いじめられてないか?」と言われて、「いや、遊んでるだけだよ」って、いじめられてる本人がそう言ってしまう。何でしょうね。親に心配かけたくないとか、いじめられてるって親に思われたくないとか、そんな気持ちがすごくあったんです。

よく「逃げろ」って言いますよね。でも、逃げたくても逃げられない人もたくさんいるし、逃げることにだって勇気がいるって話される方もいます。僕は幸いにして、自分で自分の身を守るというか、心が折れそうになったら逃げる、ということをひとつの防衛本能としているところがあって、親に何と言われても本当に無理なので逃げ回っていました。

最初は無理やり車に乗せられるとか、引っ張って連れて行かれるとか、先生に来てもらうとか、いろいろやったのだけれど、それでも本当に無理で、逃げて帰ってきてしまう。それで親が、「これは無理だ」と最終的にあきらめてくれたんですね。それがすごくよかった。そこから楽になったというか……。

親からは、別にこういうふうになれというのは特になかったけれど、僕は長男だし、親も中学から高校、大学へ行って就職してほしいという期待があったと思うんです。でも、とりあえず自分の心みたいなものを考えて、あえてあきらめてくれた。「今日も行けない」というのを受け入れてくれた。それで部屋の中に閉じこもったときには、正直めちゃめちゃホッとしました。

高校へ進学するも、またしても不登校に

その後、高校受験をして福岡の進学校みたいなところに一応受かりました。自分なりに、長男だからちゃんとよい高校に行ってよい大学に行ってと考えていたし、友だち関係もリセットされるわけだから、「もう一回再デビューだ」という気持ちがあったのだけれど、やっぱり中学校での2年間のブランクは大きかった。クラスでどう話していいかわからないし、笑い方までわからなくなってしまい、「自然な笑い方ってどんなんだっけ？」と、鏡の前で練習をしたことを覚えています。

そういう感じだったので、高校に入学はしたのだけれど、結局すぐにまた行ったり行かなかったりになりました。

高校に入学した初めての運動会の当日、親に「今日は行ってくれるのね？」みたいな感じで言われて、「運動会は行くよ」って答えたんです。ところが、体操着に着替えるところまではできたのに、みんなが集まっている校庭には行くことができなくて、

トイレにこもってしまった。

先生が来て、ドアをドンドンドンと叩《たた》く。

「早くしろ、みんな集まってるぞ」

「すみません、お腹が痛くて……」

「早く出てこい！」

みたいなことを何回かやりとりして最終的に「もう無理」と思って、体操着に裸足《はだし》という格好だったけど、トイレの窓から外に出て一目散《いちもくさん》に逃げ出しました。田舎《いなか》のほうにある高校で、よくわからずに電車に飛び乗りました。とりあえず、遠くまで行ってもまた戻ってきて、同じ駅で降りたらお金がかからないはずだとか、そんなことを考えたりしてました。最終的には北九州のほうまで行ったのかな。夕方になるくらいまでずっと電車に乗っていましたね。

ふと、何もないところで降りてみようと思って、お金を持っていたのか、無人駅だったか記憶《きおく》が曖昧《あいまい》なのだけれど、とりあえず降りてみたんです。日が暮れかけていて、畑しかないようなところをトボトボと歩いていたら、情けなくて泣けてきた。「何やってるんだろうオレ」みたいな……。そのうち鼻血まで出てきて、涙《なみだ》と鼻血がすごく出て、体操着が血まみれになってヤバイ、みたいな状況になってしまった（笑）。

それで「もう帰ろう」と思ってまた電車に乗り、なんとか家まで戻りました。もうすっかり夜になっていて、家のドアを開けたらお袋《ふくろ》が泣いていて、お通夜《つや》みたいになってた。あとで妹や弟に話を聞いたら、運動会にはお弁当を作って、一家で応援《おうえん》に来てくれたみたいなのですが、僕の姿がどこにもなくて、みんなで探したけど見つからず、結局近くの公園で、家族でお弁当を食べて帰ってきたみたいな……。

それ以降ですかね、親が何も言わなくなったのは。それを境に学校へは行かなくなりました。

コンピュータにハマり、山田かまちに衝撃を受ける

高校に受かったときに、お祝いでＰＣ98という中古のパソコンを親に買ってもらいました。それにめちゃめちゃハマって、プログラミングを始めました。

高校の先生がすごくいい人で、「お前のためにプログラミング部みたいな部活を作るから、とりあえず部活から顔を出したらいい」とか、いろいろと声をかけてくれました。顔も名前も思い出せないのだけれど（笑）。

それでも学校に行くのは無理で、とにかくひたすら家でＣ言語《シーげんご》を書くということを

やっていました。すると、ほしいプログラミングの本とかいろいろと買いたいものが出てきて、アルバイトをちょこちょこやるようになった。今思うと、自分自身が外との接点を持ちたかったんだろうなと思います。

ほんとに家にずっといて、本屋には行きたいのだけれど、日中は友人に会うんじゃないかと思うと怖《こわ》くて出られない。遅《おそ》い時間までやっている本屋があったので、夜中に出かけるみたいなことをくり返していましたね。

うちは裕福《ゆうふく》な家庭ではなかったので、本を買うお金などもたまにはもらえましたが、基本的には買ってくれません。それで新聞配達を始めました。新聞配達は何も考えずにやれたし、人に会うこともないし、わりと自分には向いていたと思います。そうこうしているうちに、高1で退学になりました。

プログラミングにハマる一方で、もともと好きだった絵もずっと描いていました。家に引きこもりなので、描くモチーフが花瓶《かびん》とか……最終的には自分の手ばかり描いていました。

福岡には、そごうというデパートがあって、僕が絵を描いているのを知っている親が、「そごうで印象派の展示があるみたいよ」とか、いろいろと誘ってくれました。たぶん、何か理由をつけて外に連れ出したかったと思うのですが、基本的に興味がないというか、僕としてはなによりも外に出たくないわけです。

ところがあるとき、「山田かまち*っていう人の展覧会があるから行かない?」と母親が誘ってくれた。山田かまちって人の話は何だかおもしろそうだなと思ったので出かけることにしたんです。

山田かまちは、幼少期からほとばしる才能で絵を描きまくっていて、24時間じゃ足りないみたいなことを言ってて、詩もいいものを残しているんですね。この人はすごい才能があったにもかかわらず、本当に生き急いでいたというか、最後は衝撃的《しょうげきてき》な死に方をしています。17歳の真夏の暑い日に、上半身裸《はだか》でエレキギターをかき鳴らしていて、感電して亡くなってしまった。

この人の展示に行ったときに、ちょうど僕も彼が亡くなった年齢と同じくらいだったのかな、自分は同じ年代なのに、引きこもってエアコンの効いた部屋でのうのうとプログラミングとかしているわけです。それで「何やってんだろオレ」みたいなことを思いました。

「逃げる」っていう単語が彼の詩の中に出てくるんですね。「逃げる逃げる　ぼくは逃げて飛びつづける」という一節があって、そういう詩にも衝撃を受けて、そこから僕も絵をちゃんと学びたいと思うようになりました。

それまでは我流でデッサンとかやっていたけれど、ちゃんと学校に行きたいと思った。学校に行くには大検（現・高卒認定）をまずは取らなければいけないので、その勉強をまず始めて、最終的には東京藝術《げいじゅつ》大学をめざす、みたいな流れですね。でも、デッサンは自分でやっていてもうまくならないので、予備校のような画塾《がじゅく》に通いたいと思いました。しかし、家ではお金が出せないという。

どうしたものかなと思っていたときに、新聞奨学生《しょうがくせい》の広告を見つけたんです。住み込《こ》みで朝と夕方に新聞を配れば、学費とちょっとしたお小遣《こづか》いみたいなものを新聞社が出してくれる制度で、「これだ！」と思いました。即行《そっこう》で電話をして面接を受けに行きました。

自分は弱い人間だと認められた

僕は、自分がすごく弱い人間なんだということを、わりと早いタイミングで認めることができた。それがすごくよかったと思っています。

＊山田かまち（1960〜1977）……群馬県高崎市出身。死後に発見された詩や絵画をまとめた詩画集『悩みはイバラのようにふりそそぐ』（1992）や遺作展などをきっかけに全国的なブームを巻き起こした。高崎市山田かまち美術館には120点におよぶ彼の作品が展示されている

それを受け入れられなくて苦しんでいる人ってたくさんいるじゃないですか。自分自身の中から湧《わ》き上がってくるのかもしれないし、外からの圧力の場合もあると思うけれど、「もっと強くならなきゃいけない」、「自分はもっとできるはずだ」って考えてしまう。もちろん、それがよい方向に働く場合もあるとは思います。今の自分を否定して前に進もうとすることが、モチベーションやエネルギーになる。その一方で、自分の心を疲弊《ひへい》させる原因になったりもする。

ある学校の校長先生に呼ばれて講演に行ったときに、「夢なんて持たなくていい」と僕はみんなに話したんです。夢を持つことで、ある種の強迫観念《きょうはく》を植え付けられて押《お》しつぶされてしまうこともあるから。そうしたら、先生の中には賛同してくれた方もいたんですけど、校長先生からは怒《おこ》られました（笑）。

僕はわりと早い段階で自分はダメ人間なんだなということを受け入れたので、同じような思いをしている人に対して優しくありたいという気持ちがあって、そういう人たちの居場所を作りたいというのがいまだに続いています。そうした経験がなければ、僕は今のような活動をしていないわけだし、結果的には自分にとってよかったんだろうなと今は思います。

でも、20代後半くらいまでは、そう思い込まないとやっていられない、みたいなところがありました。無理やり自分を納得させるというか、自分にはこういう経験があったから居場所を作るんだ、みたいな……。逆に言うと、居場所を作るみたいな活動をしないと、自分の過去が肯定されない感じがありました。

今は、「過去があったから今がある」と言えるけど、いきなりそういう境地になったわけではなくて、ギャップみたいなものを埋《う》めるためだったり、自分の過去を肯定するための行動だったりしたんですね。ニワトリが先かたまごが先かの話じゃないですけど、どっちが先かはわからないですね。

親にできることは機会を与え続けること

「みんなと同じレールの上を走りたくない」という言葉をよく聞くけど、僕はどちらかというと同じレールの上を走りたくて、だから学校にはめちゃめちゃ行きたかったと思います。だけど外れざるを得なかったというか……。

親への反発とか社会への反発とか、もしかしたらあまりないかもしれません。わりと普通に生きたかったというのがあって、もし普通に行っていたら、なんかわからないけど代理店とかで働いてるんじゃないかな。あったはずのもうひとつの人生、みたいなことを考えたりしますすよ。あのチン毛のところからの分岐点《ぶんき》みたいな（笑）。

今は戻りたいとは思わないけど、30歳くらいまでは——そのときはもう起業した会社が上場するくらいの年齢になっていたけれど、「あのチン毛さえなければ」と本気で思うことがありました。

じつは、僕はずっと不登校を隠してたんです。隠してたというか、言う機会がなかったのだけれど、そういう過去があるということをあまり言っていませんでした。

福岡で起業して25歳くらいのときに東京に出て、そのときにITメディアの記者にインタビューをされて、なんだか話が盛り上がって、「そもそも何で起業なんですか？」みたいな話になったときに、つい過去のことを話してしまったんですね。そうしたら、「引きこもりからIT社長へ」というタイトルの記事がYahoo!《ヤフー》のトップページに掲載《けいさい》されちゃった。それをいろんな人に見られて、それこそ福岡の中学校時代の人から連絡が来たりしました。

それと同時に、親御《おやご》さんからの相談みたいなのがすごく来たんです。どっちかっていうと、引きこもりをしている子どもよりも親からの相談が多かった。25歳だったので、あまりよい言葉を返せなかったと思うけど、その後に本を出したときにも、親御さんからの相談がまた来るようになりました。

僕は引きこもる側だったので、親に対してアドバイスはできませんが、僕の場合は親がある程度のところであきらめてくれたことがよかった。あきらめるといっても、完全に見捨てるっていうことではないから悪いことじゃないし、「あなたはあなたの人生を生きなさい」という態度で、最終的に受け入れてくれたのがすごくよかったなと思っています。

もちろん、これは僕の場合であって、たとえば強制的に心をシゴキ治すような、学校のようなところもあると思うし、そういうところに行ってよかったという人も多分いるでしょう。僕がそういうところに放り込まれたらたぶん死んでたと思うんですけど（笑）。

結局のところ、何が正解かなんて答えはなくて、ひとつだけ言えるとすれば、とにかく大人にできることは、「選択肢を出してあげること」だと思うんです。

こういう生き方もあるよ、不登校になったけど、こういう生き方をしている人がいるし、こういう成功をしている人もいる。いろんな人がいて、いろんな人生があって、だからあなたも自分の人生を生きなさい、ということをとにかく提示することしかないと。これは経営でも同じだと思っています。

僕はその提示を、ずっと拒絶《きょぜつ》していたけれど、いろんな物が組み合わさって、山田かまちの作品を見てみたいと思ったし、親が選択肢というか、カードを出すことをしてくれなかったら、僕はずっとそのまま引きこもり続けていたかもしれないし、それはわかりません。

とにかく、きっかけみたいなものを無理に押しつけるんじゃなくて、たとえば、「こういう本を読んでみたら」と渡してみて、読まずに放り出されていたとしても、「こういう本もあったよ」、「こういう展示があるよ」、「こういう人がいるよ」と、一方的に相手のことを思って機会を与《あた》える……大人はそういうことしかできないんじゃないかと思っています。

自分の人生を生きればいい

僕は、親というのは子どもに呪《のろ》いをかけるものだと思っていて、僕も三児の父親ですが、僕自身の生き方とか、生活、考え方、教育、躾《しつけ》みたいなものも含めて、それらはすべて呪いとなって彼らにかかっていると思っています。

そんな僕もまた親から呪いがかかっているし、どんな完璧《かんぺき》な親でも呪いをかけると思うんですよね。たとえば、完璧な母親でも、こんな完璧な母親にはなれないという呪いがかかったりしていると思うし。

逆に言うと、呪いをかけている、呪いをかけられているというのを前提として、その呪いから解き放ってあげることを考えるといいのではないかと思います。

親は親の人生を生きればいいし、子どもは子どもの人生を生きればいいと思う。そこには、自分の叶《かな》えられなかった夢だとか、あなたを思っての行動なのよといった発言とか必要ないんじゃないかな。

親子も究極は他人ですよね。だからある程度のところで親もまた子離《こばな》れをする必要があるし、子どももまた親離れをする必要がある。それぞれが、自分の人生を生きて下さいって感じですね。

Case study 番外編

みんなの不登校体験談　その1

不登校になって家にも居場所を失った。それでも今幸せです

私は中学1年生から2年生にかけて、計9ヵ月以上不登校生として過ごしました。直接の原因はクラスでのいじめでしたが、相談してもまともに取り合ってくれない先生や、学校に行くことを強要する両親に対して不信感を抱《いだ》き、学校だけでなく家でも生きにくさを感じていました。

不登校になった後、引きこもった私に両親が提案してきたのが「転校」。当時は学区の決まりが厳しかったのですが、市の職員さんが協力してくれたこともあり、私は2年生の夏から学区外の中学校に転校しました。

大人に対する不信感や学校そのものへの恐怖《きょうふ》心から学校復帰には時間がかかりましたが、そのときに真摯《しんし》にサポートしてくれたのが担任の先生でした。先生は私の過去もすべて知った上で、「前の学校の話題は出さないほうがいい？」などと一つひとつ聞いてくれて、かつ必要以上に踏《ふ》み込んでくることはありませんでした。

学習面でも、間違えて笑われることを恐《おそ》れる私に対して、「授業は間違えるためにやる。そうして学んで正しい方法を知ればいい」と声をかけてくれました。あの先生のおかげで、私はまた学校に通えるようになり、その後5年以上の付き合いになる友人とも出会えました。

いじめを受けたり、不登校になったりすると、まるで自分の味方はどこにもいないように感じてしまうと思います。実際私もそう思っていたし、今でも家族とは少し気まずい関係です。でも、転校という環境の変化、信頼《しんらい》したいと思える人との出会いをきっかけに、少しずつトラウマを克服《こくふく》し、今ではフリースクール設立など、悩《なや》んでいる人の居場所作りをするまでになりました。

もし今あなたが学校の中で悩んでいるのな

ら、外の世界に目を向けてみてください。世の中には、どんな環境にも合う人はいないし、どんな環境にも合わない人だっていません。

　学校が合わないことは、特別なことではないんです。でも一歩踏み出すのってすごく怖いと思います。世の中には悪い人もいるし、悪意を向けてくるような場所だってあります。でも、そうやって探し回った末に、かけがえのない相手と出会えるかもしれません。その出会いから、今近くにいる人たちとの付き合い方が変わるかもしれないのです。

　学校という狭《せま》い世界だけであきらめてしまうのはもったいない。ボランティア活動、アルバイト、どんな形でもかまいません。さまざまな場所で、いろんな人と話をしてみて。リアルの場でもいいし、ネットを利用してもいいと思います。私には学校は合わなかったけれど、今は信頼し合える友人がたくさんいて、その多くがSNSなど学校の外で出会った人です。

　世界は自分が思ってるよりもずっと広いです。この広い世界には、あなたの話を聞きたいと思っている人や、あなたの力になりたいと思っている人がたくさんいます。

　どんどん環境を変えて、自分にとって居心地が良いと思える場所を探してください。あなたにそんな居場所が見つかることを、すてきな出会いがあることを、心より願っています。

（中村玲菜）

世界は思っているよりもずっと優しい

　私は都内の大学に通う、大学3年生のイタリアとアルゼンチンと日本のハーフです。最近はビジネスコンテストを主催《しゅさい》したり、海外からDJを招致《しょうち》してクラブイベントをやったり、塾で講師をしたり、個人事業としてウェブデザインをやったり、好きなことやそのときにやりたいと思ったことをして楽しく生きています。

　そんな私ですが、過去には1年間の謹慎《きんしん》と自主退学（勧告《かんこく》はされていませんが）と学校処罰のフルコースを味わいました。それは私が中学1年生のときで、謹慎になった理由がゲーセンのサッカーゲームのカードをクラスメートに盗《ぬす》まれたからでした。

ある日のこと、いつものように学校にカードを持っていったところ、クラスメートにカードを盗まれてしまいました。そのことがなぜか先生にバレてしまい、挙げ句の果てに盗んだ人はおとがめなし、私だけが2ヵ月の謹慎をくらってしまいました。中学校に入学してから1年も経たない頃の話です。なんだか馬鹿《ばか》馬鹿しくなって、「もう何でもいいや、大人たちで勝手にやってくれ」と思いました。

そんな中、私の人生を大きく変える出来事が起こりました。それが3・11、東日本大震災《しんさい》です。

冒頭《ぼうとう》にも述べましたが私はハーフです。その当時、日本にいるイタリア国籍《こくせき》を有するものはイタリアに一次的に帰国しろという命令がイタリア政府から発令されたらしく、私は突然《とつぜん》イタリアに行くことになりました。本当は2週間経ったら日本に戻る予定だったのですが、気付いたときには中学校も辞めて現地の学校に入り、3年くらいイタリアに住んでました。

私はイタリア語ができなかったけど、「なるようになれ！」の精神でいたら、意外と人が助けてくれるので何とかなりました。イタリアでの生活で感じたことは、結局人は誰もが何かしら悩んでいて何かしら困っている、だから助け合いの心が重要だということでした。

居場所は今いるところだけじゃないし、世界にも目を向けてみてほしい。現状に絶望するのではなく、いろんなものとつながってみてほしいです。そして、問題を起こすのも解決するのも人間です。みんなそれぞれ様々な悩みを抱《かか》えて生きている可能性がずっと高く、だからこそ私は人と関わり合い、助け合うほうが生きやすいと思います。

（カズマル）

学校に行かなくなったからこそできたこと

私は中学1年生になった頃、まわりの人たちの友だちへの接し方に違和感を覚えて学校が嫌になり不登校になりました。

はじめの頃は、「学校に行きたくない」と言う私と、「中学校は義務教育で、まわりの子は嫌でも行ってるんだから学校へ行け」と言う母と戦う毎日でした。そのうちに、「学校に行きたくないのはわかったから、なぜ行きたくないのか教えて」と言ってくれるようになりました。でも、いざ話そうとすると、言いたくないわけではないのになかなか話せません。黙《だま》る私に母は頭を悩ませていました。

毎日何も言わない私と、どうすればよいかわからない母。家の雰囲気は最悪で、母がストレスを抱えるのも家の雰囲気が悪くなるのも全部自分のせいだと気持ちは沈《しず》むばかりでした。

そんなとき、母が病院へ行かないかと言いました。自分は病気だと思われてるんだ、病院の先生も学校の先生も話したところで何もわかってくれないだろうと思いながらも、母に連れられて病院へ行きました。

病院で先生と二人きりで話してみたら、今まで話せなかったことが次から次に出てきて、解決したわけじゃないのにすごくスッキリした気持ちになりました。

そこからは、母に伝えたいけど言い出せないことを、先生が母に伝えてくれて母と話ができるようになり、今は家の雰囲気もよく、母とは中学校に上がったときとは違い、何でも話せる仲になりました。

学校に行けない自分はダメなやつなんだと思って病んでいたけど、学校に行ってたらできないこと――ランチを食べに行ったり、母とたくさん話をしたり――をしているんだと思ったら、気持ちが軽くなって、まわりの人よりもいい毎日を過ごしてたんじゃないかと思えるようになりました。

（シュークリーム）

次は、僕がどんな日々を過ごし、
不登校からどんなふうに脱していったかをまとめたマンガです。
題して、「僕の不登校の日々と次への一歩」。

小学2年から
中学3年まで
僕は、
学校へ行かなかった。
アーウチ
バギィ。
いじめだと思ったのか
親からだんだん
学校に行けと
言われなくなった。
ホッ
それでも
パラ
京都めぐり
修学旅行には
参加した。
いってきます！
だって
京都だぜ♡
歴史好き→
とはいえ、他の生徒とは
別行動&個人部屋だったけど、
ある意味
ぜいたく…!!
ゴーン
たまに
適応指導教室に行き
不登校仲間たちと
遊びました。
来たよ〜
ウィッス！

とはいえ
基本「在宅」のため
時間がたっぷりある。
うおお〜！
わしを誰だと
思っておるぅ〜！
さすがに一日中
やっていると、すぐに
終わってしまうのだが
はぅ…
おわった…
CLEAR
お母さん…
あのさ、
ゲームを…
ズビシッ
だめよ!!
買ってもらえる
ソフトは
年に2本
ゴロッ
どうしよっか
な〜。
あっ
結局
オリジナルルールを作り
徹底的に遊びつくした。
おっ
けっこう
ムズイじゃん
小幡ルール：レベル4武器禁止
ゲームなんて
無駄です
僕はそうは思わない。
ゲームで培った想像力や
チャレンジ精神が今の仕事に
生かされていると
感じているからだ。

そんな僕の
不登校が終わったのは
夜間の定時制学校に
通い始めたからだ。
不登校だった
従兄弟の
兄ちゃんが…
定時制の高校
行ってたし。
どこ行くの？
がっこ～
僕のこと心配してくれていた
先生が、定時制の高校に
赴任したことが大きい
なんと父親の担任…
親子二代でお世話に
なることに…！
そんなわけで
僕は4年間
定時制高校に通った。
カァ
カァ
不登校の10年が
ウソのように…と、
まではいかないけど
結構マジメに通った。
夜露死苦
そこには
適応指導教室の仲間や
いろいろな人達がいて
面白かった。

少人数だから先生との距離も近かった。
こらぁ寝るな！
ビュンッ
アウチッ
職員室で知りたいことを直接聞くことができた。
先生、基本的人権ってなんのためにあるんですか？
おっ
パラッ
まずここを読んでごらん
学校帰りに仲間と過ごすのも楽しかった。
これって噂の青春ってやつ？
ドキドキ
遅ればせながら
僕は学校を楽しむことができるようになったのだ。
はぅ♡
そんな夏のある日、
僕の人生が変わるような出来事が起きたんだ。
クルッ
カッ

戦国無双が好きになり大河ドラマをよく見ていた僕は…
風林火山
ゴゴゴ…
ある日、NHKのイベントに参加した
それが終わった後、
僕は、1人の青年に声をかけられた
さっきNHKにいたでしょ
あ
生徒会や部活バンド活動をし、友達もたくさんいる彼の話は刺激的で僕とは別の世界を生きているように感じた。
今度ライブやっけど手伝ってくんない？
えっあうん…
出会ったその日に誘われた僕は——

後日、打ち合わせに足をはこんだ。
あ、こっちこっち～
ヘルプの小幡くんです。
テレテレ
こんな経験は初めてで緊張したけどすごくワクワクした。
よろしくく
いつも一人でゲームしていた僕はチームで何かするということに、心を動かされたのだ。
ズズズ…
チーム!!
がんばろー
おーっ
ライブ当日
小幡くん！イスここに並べて！
はいっ
ガチャガチャ
ハア
みんなの役に立てる！

誰かのために頑張ることが…
開場します!
オーケーです!
ガヤガヤ
こんなにも気持ちいいということを、僕は初めて知った。
この時から
おつかれさーん!
僕の中で何かが変わった。
その後、僕は何度もイベントを手伝った。
そしてある日、第二の衝撃的なことが起きたのだ。
一年後——
ブブブ。

小幡くん、イベント手伝いのこと中学生に話して欲しいんだ
えっ
ぼ、僕が？えーとこ、講演？

本当に…

不登校のこと他人には話してこなかったけどありのままの僕のことを話してみた。

その後、感想文をもらった…

そこには、「自分も頑張ろうと思った」や不登校の友達に「今から何とかしてあげたい」と言った言葉がたくさんあった。

ぐす
僕は嬉しくて泣いてしまった。

自分の経験が無駄ではなかった。そして僕にできることやりたいことも何となく見えてきた。

続く

part. 2

正しい不登校のやり方

——明日、学校に行きたくないキミへ

決めるのはキミ自身。後悔《こうかい》しない選択をしよう

キミは何がしたい？

不登校になる理由――いじめ、クラスになじめない、先生が嫌い……。いろいろな理由があると思う。でも、つらかったら行かなくていいというのが僕の意見。僕はほとんど学校に行ってないけど、いろいろな人たちとコミュニケーションをとっていたし、今は楽しく生きている。仕事をして、みんなの役に立っているという手応えもそれなりにあるから日々充実《じゅうじつ》もしている。その第一歩として、僕は「学校に行かない」という選択肢があったと思っている。そういう選択肢があることを、こうしてみんなに伝えることもできる。

でも、僕にできるのはここまで。あとはキミ自身で決める必要がある。なんたってキミの人生なんだから。

我慢して学校に行くという選択肢だって当然ある。でもそのときには、「何のために学校に行くのか、何をするために学校で勉強をするのか」をちゃんと考えてみてほ

しい。

将来どういう人生を送るかなんて、若いキミたちには考えるのが難しいかもしれないけど、目的や目標、夢がはっきりとしてさえいれば、それを達成するために、どんなにつらいことでも乗り越《こ》えていけるかもしれない。だから、まずはちゃんと考えてほしいと思う。

不登校への心構え

さて、キミが「学校に行かない」という選択をしたとする。今日からはもうあの場所に行かなくていい。すると、朝から夕方まで自由な時間ができる。キミはその時間をどう使う？　昼まで寝《ね》ててもいいし、ゲームをしてもいい。何をしてもキミの自由だ。

でもこれだけは覚えておいてほしい。この時間の使い方を間違えると、これからの人生に大きな影響が出る。

僕が今、不登校時代を振り返って「よかったなあ」と思うのは、学校以外に友だちがいたこと。さっきも書いたけど、いとこも学校に行ってなくて、そのいとこと遊んだり、適応指導教室という場所があって、そこには学校に行っていない子どもたちが集まっていて、みんなで遊ぶこともできた。

今はたくさんの不登校の子どもたちと話す機会が僕にはある。それでわかったことは、学校以外の場所に友だちがいるという子はとにかく明るい。言われなければ不登校だとはわからないくらいにね。

反対に友だちがいなくて家でひとりの子は暗いし、そもそも会ってくれない。やっぱり家でずっとひとりでいるのは精神的におかしくなっちゃうんだと思う。

学校以外にも友だちを作ったほうがいい。これは絶対だ。

成功体験を積み重ねる

音楽、パソコン、イラスト、ゲーム、ユーチューブ、スポーツ、なんでもいいからとことんハマれ!

学校に行かずに僕がハマっていたものは大きくはふたつ。ひとつはゲーム。特に遊《ゆう》戯《ぎ》王カードで、毎週のように1時間電車に揺《ゆ》られてカードゲーム専門店で遊んだ。

じつは、僕はかなり強くて大会で優勝しまくっていた。和歌山チャンピオンだ。僕は当時中学生で、対戦相手は高校生や大人が多かった。でも、遊戯王カードに年齢は関係ない。カードを通じてたくさんの友人ができ、大会の運営もしていたのはとてもよい経験だったと思う。

もうひとつは囲碁《いご》。適応指導教室の友人がやっているのを見て、僕もやってみたいと思った。正直ルールはまったくわからなかったが、なぜか負けても楽しい。やっていくうちにルールを覚え、僕は囲碁の魅力《みりょく》にハマった。それからはインターネットで囲碁を打ったり、囲碁を通じて友人ができたり、僕はどんどん囲碁にのめり込んでいった。結果的に僕は和歌山県の代表として全国大会に出場するくらいになった。

こうした成功体験の積み重ねが、僕の自己肯定感を高めてくれた。学校ではあまり評価されなかったけれど、コミュニティや評価軸《じく》を変えることで、輝《かがや》ける場所があることを学んだ。

囲碁は会社経営の勉強によいと言われていて、先を読む力や戦略など、今の仕事に活きているし、囲碁を通じてたくさんの人とお会いする機会もいただいている。囲碁は世代を超《こ》えたコミュニケーション・ツールだ。遊戯王にしても、大会の運営はイベントを企画する仕事に直結しているし、僕は今ゲームを作る仕事にも関わっている。

人生で経験したことはどこで役に立つかわからない。「こんなものは役に立たない」

と決めつけずに、好きなもの、得意なものを見つけ、とことんハマるといい。そうすればどこかのタイミングで必ず活きる瞬間がくると思う。

人に誇《ほこ》れるものを作る

僕は無責任に「学校に行かなくてもいい」と言うつもりはない。実際、学校に行かないことだけを見ればマイナスだと思うから。それでも学校に行かないのなら、学校以外の時間をどう使うかが重要になる。

「学校へは行ってないけど、自分はこんなことができる！」

そんな人に誇れるものを作ることで、それが自信につながるし、それはそのまま将来の仕事につながるかもしれない。

僕はそれがゲームだったし、人によっては音楽やイラスト、スポーツやプログラミングかもしれない。幸いにして時間はたっぷりとあるのだから、自分が誇れるものを作ることにチャレンジしてほしい。

では、次のケーススタディを紹介しよう。

吉藤オリィ｜よしふじおりぃ

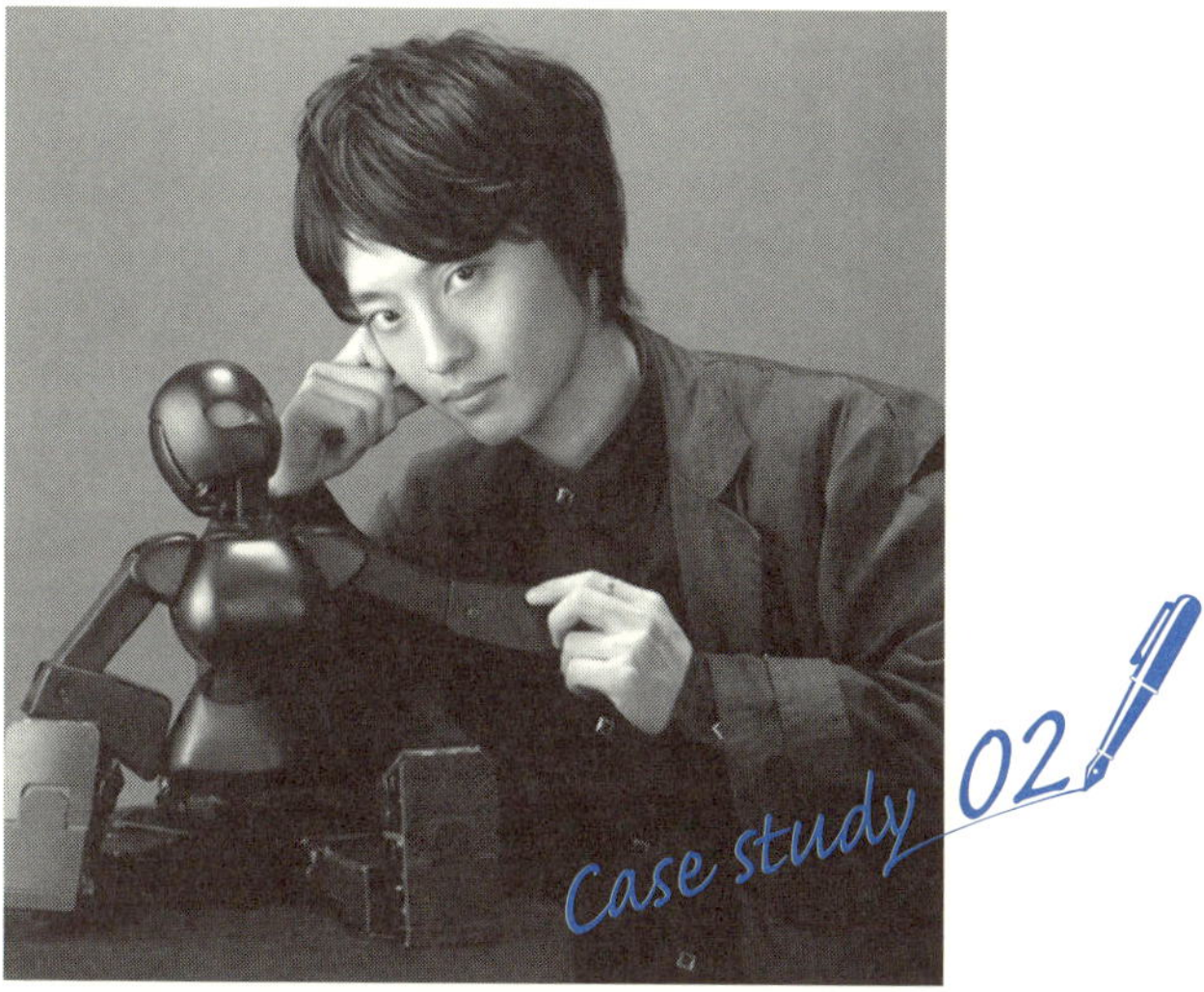

1987 年奈良県葛城市出身。小学 5 年〜中学 2 年まで不登校。高校の 3 年間、ものづくりの巨匠、久保田憲司師匠に師事し、電動車椅子の新機構の発明により、国内最大の科学コンテスト JSEC にて文部科学大臣賞、世界最大の科学コンテスト Intel International Science and Engineering Fair にて Grand Award 3rd を受賞、その後寄せられた相談と自身の療養経験から、孤独の解消を志す。高専にて人工知能を研究した後、早稲田大学にて 2009 年から孤独解消を目的とした分身ロボットの研究開発を独自のアプローチで取り組み、自分の研究室を立ち上げ、2012 年株式会社オリィ研究所を設立、代表取締役所長。青年版国民栄誉賞「人間力大賞」、スタンフォード大学 E-bootCamp 日本代表のほか、AERA「日本を突破する 100 人」、フォーブス誌が選ぶアジアを代表する青年 30 人「30 Under 30 2016 ASIA」などに選出される。

父親が中学校の先生だった

私は小学校5年生から中学2年生くらいまで不登校でした。学校にずっと行かなかったわけではなくて、1~2週間に一度くらいは顔を出していました。まったく行かなくなったら一切《いっさい》行けなくなるという危機感がありましたから。

あとプレッシャーだったのが、じつはうちの父親が中学校の先生だったんです。しかも私が通っていた中学校の。学校に行くと吉藤先生がいるわけです（笑）。

父親も先生という立場があるから、自分の息子が保健室に行ってしまうと、「教室に戻りなさい」と呼ばなきゃいけない。そんなわけで非常に特殊《とくしゅ》なケースだったかもしれません。

息子も息子なりに、父親の世間体《せけんてい》みたいなものが気になったりします。うちも結構田舎だったので、コミュニティが狭くて、「吉藤さんちの子、また学校に行ってないわ」とか言われてしまう。自転車通学だったので、玄関に自転車が置いたままになっていると、「また行ってない」とわかってしまうんですね。

当事者である私にではなくて、親に対して近所の人からいろいろ言われたりとか、そういうことがやっぱりあったみたいです。

だから、不登校の初めの頃は、あの手この手で学校に連れて行かれました。コタツの中にいるパジャマのままの私を無理やり引っ張り出して車に積んで運ぶとか（笑）。今だとちょっとまずいだろうというような対応をよくされたりしました。

当時は、不登校という言葉もあまり使われていなかったし、いじめもあまり表面化してなかった時代だった。それに対するマニュアルも当然のようになかったと思うので、先生もアドリブで対応をしていたと思います。

入院を機に不登校が本格化

その頃は、学校に行きたくないというストレスで体がしんどくて、すぐにお腹が痛くなって、それが仮病だと思われたりしていました。

昼くらいになると、お腹が痛いのがマシになってくるんです。元気になってくると、外に遊びに行こうとするわけです。それでますます仮病だと思われて。

親には「行きたくない」と言うんだけど、たいしたことないと思われてましたね。ずる休みとか、仕事行きたくないとか、ちょっと面倒《めんどう》だなというか、その程度のことだと思われていて、私としてはＳＯＳ的なサインなのに、それをわかってもらえないというつらさがありました。

私は集団行動ができないタイプなんです。大学に入るまでそうだったのですが、みんなと一緒に教卓《きょうたく》の先生に向かって、まっすぐに座って授業を受けるというのがそもそもできない。

そういうのがダメなときには、「逃げ出す」という選択肢が私にはあったんです。小学校に入学したときに、基本的にこれは無理だなと判断して、授業が始まった途端《とたん》にパッと逃げ出したりしていましたね。

走り回って逃げて、先生が追いかけてきて……。毎日そんな追いかけっこが当たり前になっていて、授業中に副担任が逃げないように私の手を握《にぎ》りに来るんですよ。それを私はあの手この手を駆使《くし》して、隙《すき》を見て逃げる（笑）。いかにして学校から逃げ出すか、先生と喧嘩するかを結構楽しんでいました。それが楽しくてやってたのかな。先生も半分あきらめていましたね。

それが最初の頃の話で、いまだに小学校の全学年の先生が私のことを覚えてるようで、先日地元に帰ったときには歴代の担任が集まって食事会を開いてくれました（笑）。

そういう意味では緩《ゆる》くてよかったのかもしれませんね。とにかく、逃げるという選択肢があったので、小学校5年生くらいまでは耐えることができたんです。

ところが、もともと体が強くなくて、検査入院で1週間くらい学校に行けなくなった。その間にお楽しみ会があったりして、一生懸命《いっしょうけんめい》に企画をしていたのにそれに行けなくなったショックもあり、行きづらくなってしまいました。それが本格的に学校に行けなくなる始まりでしたね。

何でもそうですよね。会社もそうだし部活もそうだし、一旦長期間休むと戻りにくくなる。学校っていうところが、自分の居場所じゃなくなってくるような気がして。

私はボーイスカウトをやっていて、集団行動が苦手なので基本逃げ出していましたが、そこにもクラスメートがいて、学校を休んでいるのにボーイスカウトだけ出てるとか言われてしまう。そうすると、ますます居場所がなくなってくる。そういう意味では、狭いコミュニティだったのがつらかったですね。

自分が認められること

本当に行かなくなったときには、絵を描くか、あとは趣味《しゅみ》が折り紙なので——だから「オリィ」なんですけど、折り紙をやっていました。

私が唯一《ゆいいつ》、人から「すごいね」と言われたのが折り紙でした。絵もうまいねとは言われたけれど、そこまでうまかったわけじゃないし、描く絵が独特だったことがあると思っていて、でも折り紙で薔薇《ばら》とかを作ると、「すごい」と言われるのが嬉《うれ》しくて、初対面の人にはいつも折り紙で薔薇を折ってプレゼントしていました。それで何とか自分の価値を保っていたというところがありました。そうでもしないと、自分が無価値のような気がしてくるんです。

私はいたずらも大好きで、先生に驚かれるのがとにかく好きだった。人が驚いたり怖がったりするリアクションが楽しみで、ついついクリエイティビティを発揮してしまうんです（笑）。

「きみは偉《えら》いね」とか「天才だね」とかいう褒《ほ》め言葉に対しては、正直あまり嬉しくなくて、それよりも相手がすごく驚いた顔とか、それこそ落とし穴にハマったかのような顔とかが大好きです。

そういうリアクションが見たくて、たとえば輪ゴムでバチンと急に動くようなおもちゃや、封筒《ふうとう》を開けた瞬間にガタガタ動くようなあの手の物が大好きなんです。

でも、学校に行かないと友だちや先生の驚く顔が見られなくなるし、自分の楽しみや得意なことが発揮できる環境がなくなってしまうわけです。学校以外のコミュニテイがほとんどなかったので、私の場合はそれがよくなかったのかもしれません。

父親がキャンプ好きだったから、たまに山に連れて行かれて二人で過ごしたりとか、勝手にキャンプに申し込まれて、どこかのキャンプに参加させられたりしたこともあります。そこだと知らない人ばかりだから、私が学校に行っていないことを知らないので、フラットな状態で新しい人間関係を作ることができて、それはよかったですね。でも、当時は携帯《けいたい》電話もなかったし、せっかく知り合ってもずっとその関係が続くわけではなくて、基本的に一期《いちご》一会《いちえ》でした。

そういえば、小学校5年か6年のときに、父親に無人島に行ってこいと言われて、1週間和歌山の無人島でキャンプ生活を送ったことがありました。途中でめっちゃお腹が痛くなって大変だったけど（笑）。

コンプレックスについて

不登校のときには、後ろめたさというか、「自分はダメなやつだ」と、どこかで思っていました。コンプレックスと言っていいと思うけれど、それにはふたつの見方があって、ひとつは「ストレス」であり、もうひとつはコンプレックスが人を成長させるという「モチベーション」という意味があると思っています。

たとえば右手を骨折したときには、左手で物が書けるようになることもあるわけだし、自分は特定の分野ではダメだと思ってしまっているからこそ、絵を描くのだったり音楽だったり、他の分野で力を発揮できるかもしれないというポジティブな考え方もできると思うんです。

そこで必要なのが「コミュニティ」だと思います。私が絵を描いたり、折り紙を続けられたりしたのも、やっぱり誰かに見てほしいとか、作った折り紙をプレゼントしたいというのがあったからで、別に誰にも褒められずに狂《くる》ったように絵を描いていたわけではないんですね。

コンプレックスがあるからこそ、誰かに認められる自分を探さなきゃいけないと思う。たぶん家にずっといるだけで、「何かやらなきゃ」と思えるようになる人って多くはないと思います。ただし、今は昔と違ってインターネットがあります。でも、いずれにしても「人」なんですよね。

私は人工知能で人を癒《いや》せるのかという研究をしばらくやっていて、結果的にそれは無理だと判断しました。やっぱり人間って、「誰かに必要とされる自分」を得たいし自覚したい生き物なんです。

たとえばSNSなどが全部人工知能やNPCキャラクター（プレイヤーが操作しないキャラクター）だったら、そこまで夢中にはなれないと思います。インターネット上であっても、結局は「人」なのだと思います。

小幡くんはよくしゃべるので驚いた

私も小幡くんと同じで、学校に行っていない子どもたちと会う機会が多いのだけれど、しゃべるのって難しいなと思っています。小幡くんはよくしゃべるのでビックリしましたよ。

私は19歳までは話すのが苦手だったし、私の友人でずっと学校に行かずに入院して過ごしていた人がいて、やっぱり人との距離感《きょり》とか、何を言ったら人を怒らせるのかという感覚がわかっていなかったりします。そもそものセンスというか、人との価値観だったり距離感が全然違っていたりするわけです。

私はそれを、「コミュニケーション非ネイティブ」と呼んでいます。私はネイティブじゃなくて完全に非ネイティブで、後からコミュニケーションを勉強した人間です。そんなふうになってしまったのは、やっぱりあの不登校の時間が原因だと思っていて、

「居場所がある」ということと「身近な人が理解してくれる」ということが、メンタル的に大きいと感じています。

引きこもるときって、まずは安心して引きこもりたい。「学校に行け」とか、「今やっていることは間違っているんだ」とか言われて、焦燥感《しょうそう》を覚えるとか、そういう状態になっていると心が弱って安定しないので、学校に行ったところで行けるようにはならないと思うんですね。

今思えば、ちゃんと引きこもらせてくれたことはすごくありがたかった。

母親の面白い発想が再登校のきっかけに

ある日うちの母親が、「折り紙ができる人は、きっとロボットができるに違いない。地元のロボットの大会に申し込んでおいたから出てらっしゃい」と言ったんです。それで出ることになったのだけれど、なぜか私以外の人がクリアできなかったコースをクリアして優勝しちゃったんですね。それで「ロボットって面白いな」と思い始めた。

その1年後、中学校2年生のときにロボットの関西大会があって、それに出ることになった。たくさんプログラミングをしてロボットをちゃんと作ったら準優勝できた。

そのときに人生で初めてめちゃめちゃ頑張ったことが認められたという経験をして、しかもこれだけ頑張ったのに1位にはなれなかったという悔《くや》しい経験もして、その両方を得ることができたんです。２００１年のことでした。

そこで、すごいロボットを造られている先生と出逢《あ》い、その先生が地元の工業高校にいらっしゃると聞いて、その先生に弟子入りしたいなと思ったのが再登校のきっかけになりました。

うちの親がまた巧妙《こうみょう》で、「高校に行くためには不登校だと行けないんだよ。出席点とか内申点とかあるから」とか言うわけです。

それで学校に行くことにしたのだけれど、当時はすごくつらかったんですね。本当に人と話さないのが何週間も続いていたので、日本語だってろくに出てこないし、意識が朦朧《もうろう》としてしまって、無意識のうちに夜中に家から抜《ぬ》け出していて、気が付いたら池の前にポツンと立っていたなんてこともありました。

そんな状態だったので、そのときの記憶が完全に鮮明《せんめい》なわけじゃないのだけれど、それをきっかけに、「学校に行かなきゃ」「1年後に高校に入るんだ」という気持ちになりました。

小学校に入ったときから、授業を逃げまくっていたし、勉強はできないしやる気もない。本も読めない。そこからのスタートですから、人生で一番勉強をしたのが中学3年生のときだったと思います。

人が怖くて、面接とかめちゃくちゃ怖いから、面接のない入試方法を選択しました。

必要なのは「コミュニティ」と「人」

不登校の時期というのは、今思うとバネを縮めている感じだったのかもしれませんね。もしかしたら押しつぶされていた可能性もあるし、よかったかどうかはわからないけれど。

何かしたいという気持ちはすごくありました。でも何もできないし、私の世界は学校と家しかなかったのに、その学校にはいられないし、家ではずっとひとりぼっち。ゲームは最初やっていたのだけどすぐに飽きちゃったし、インターネットも携帯もないし、人とつながれない。

私は自分に対する嫌悪感《けんお》がすごく強くて、「人に迷惑《めいわく》をかけ続けている、心配をかけ続けている」という意識があったので、自分を好きになれませんでした。

「このままいないほうが世の中のためなんじゃないか。親とか学校のクラスメートも、もしかしたらそれを望んでいるんじゃないか」

そんなことまで考える状態になっていたので、ものづくりで世の中に役立つものが作れるんじゃないか、溜《た》め込んでいたものを吐《は》き出せるんじゃないか、というものに高校時代に出合えて本当によかったです。師匠《ししょう》に物作りを教えてもらい、車椅子《いす》を作ったら世界3位の賞が取れたり、アメリカにプレゼンに行ったり、そういった経験ができたことで、生きていくことができると思いました。

ただひとつ言いたいのは、生まれ変わったら不登校は絶対に経験をしたくないということですね（笑）。

学校に行けるなら、やっぱり行ったほうがいいと思います。無理やり行けとは言わないし、学校が合わないと思ったら行かなくてもいいけど、ただ居場所を失うのは本当につらいから。

私は「居場所」という概念にこだわっていて、シェアハウスを運営したりもしています。「オリィ」っていう名前も、折り紙からきてはいるのだけれど、たとえばterritory（テリトリィー）とか、factory（ファクトリー）とか、「場所」を意味する言葉の後ろに付く -ry だったりするんです。そんな感じなので、自分が「そこにいてもよい」と思える場所というのが、自分の仕事の話にもつながっています。

たとえば、日本には「筋萎縮性側索硬化症《きんいしゅくせいそくさくこうかしょう》＊（ＡＬＳ）」という病気の人が約１万人います。呼吸器を付ければ延命はできるのですが、実際に呼吸器を付ける人は約３割しかいません。その理由は、寝たきりになっても意識はハッキリしているのに、目しか動かせずに何もできないから。社会やまわりの人たちは自分のためにいろいろやってくれるけど、それに対して「ありがとう」という言葉すらかけることができないからなんです。

「家族に迷惑をかけながら生き続けるくらいなら、自分は死んだほうがよいだろう」

正常な頭でそう判断して、呼吸器を付けないで尊厳死する……そういう死に方を選ぶ人に何人も会ってきました。

私も友人を何人か亡くしたのだけれど、居場所っていうのは「この世」のことでもあるんです。この世に「居場所」が得られるかどうか。学校は小さなコミュニティだけど、この世という大きなコミュニティの中で、自分はもうこの世にいないほうがいいなと判断してしまうのは、あまりにもつらいことだと思う。自分がここにいるということが認識され、その人が「ここにいる価値」とか「いる意味」を作り出していく——それが私の考える孤独《こどく》の解消方法です。

人工知能のパートナーロボットを作るんじゃなくて、人間のコミュニティに入っていくためには、体が動かない人でも、もう一個の体を使って学校に行けるようにしたり、適材適所の方法を作り出したりする。そういったことを今やっているのですが、不登校の頃のつらかった経験が、それを実現するための原動力に間違いなくなっていると思っています。

本当に自分でも死にたいと思ったときがあったし、そういう経験をする人が少しでも減ったらいいなとは思っています。

私は、何かを得るためには「コミュニティ」や「人」は欠かせないと思っています。本当にひとりぼっちで部屋にいて、何もない状態で部屋にしばられていたら、何かを生み出すことは絶対にできないと思う。

学校に行かなくても、ずっと家にいるんじゃなくて、学校は選択肢のひとつであり、小幡くんのように同じような趣味の人が集まれる場所だったり、たまにはゲームの大会に参加してみようとか、何でもいいのでそういう選択ができる子どもが増えたらいいなと思います。

＊重篤《じゅうとく》な筋肉の萎縮と筋力低下をきたす神経変性疾患《しっかん》で、運動ニューロン病の一種。きわめて進行が速く、半数ほどが発症《はっしょう》後3年から5年で呼吸筋麻痺により死亡する（人工呼吸器の装着による延命は可能）。治癒のための有効な治療法は現在確立されていない

●●●● みんな不登校だった ●●●●

JERRYBEANS ｜ ジェリービーンズ

Case study 03

1998年結成。双子の兄弟であるボーカル＆ギター山崎史朗、ドラム山崎雄介、そして不登校を通じて知り合ったベース八田典之からなるバンド。３人とも小学校高学年から中学校３年生まで不登校で、引きこもりだった時期もあった。そんな経験からのメッセージを語りと歌で伝える講演ライブスタイルで全国に届けている。主に、学校や福祉施設または地域のイベントで、年間約100回の講演ライブを行っている。

不登校の入口

山崎雄介（以下、雄介）　僕たちは双子《ふたご》で、5歳までは毎日田んぼで虫を捕《つか》まえたりして、いつも二人で遊んでましたね。幼稚園は大きい組から入ったんだけど、その1年の差が大きかった。「よそから来た子」みたいな空気になって、みんなの輪に入れずに集団生活が嫌になってしまった。

小学校に入ってもその感覚が抜けなくて、3年生くらいのときに突然体に痛みが出はじめた。病院に行っても身体的な原因がわからず、そこから遅刻《ちこく》して登校するようになった。そして5年生のときに、先生から「字がきたない」って言われて、それがきっかけで不登校になった。

「なんで行きたくないの」って言われても、わからないとしか言えなくて。自分でも整理できていないことを人に伝えるのは無理だし、途中からは本当の理由ではなくて、「親やまわりの人が納得する理由」を探すようになっていた。

ほとんどの不登校の子が、自分のもやもやとか、しんどさの原因を整理できていないんじゃないかな。自分に対する嫌な気持ちとか「わからなさ」みたいな違和感で苦しんでるんだと思う。

山崎史朗（以下、史朗）　僕らは勉強ができなかったけど、逆に小幡くんみたいにできることでしんどい思いをする子もいる。みんなとちょっとでも違うと嫌な気持ちが生まれるんだよね。

八田　僕は勉強もスポーツも普通、友だちもまぁまぁ普通にいて、だから特に先生にも親にも心配かけないタイプの子だった。それを自覚してたし、悩みや嫌なことがあっても言わないようにしていた。小学校高学年になってクラスの雰囲気が悪くなって、友だち関係の悩みが出てきても、誰にも相談できなくて、心も体もしんどくなった。

史朗　「学校に行かなきゃいけない」というのが、みんな苦しいんだと思う。「行きたくない」って言うことに罪悪感があるからね。行きたい子の道、行きたくないけど勉強はしたい子の道、そんなふうにいくつかの選択肢があればいいけど、「学校に戻ること前提」って言われたら、戻りたくない子は通えないと思う。

しんどくなる理由を「これ」とか言うと、親はそれだけを解決しようとするけど、解決されたところで違和感は消えない。もっと根源的なしんどさがあって、戻れる気がしないいんだよね。

大人になって気づいたこと

八田　不登校になった最初の頃は、ゲームばっかりやってた。でも充実感はなくて、ほかに何かできることがないかと思って始めたのがギター。楽しかったし、親も応援してくれて充実感があった。それに近所の音楽教室の先生が僕を誘ってくれて、人前で演奏する機会をもらった。緊張《きんちょう》したけど、必要としてもらえたことが嬉しかったな。

史朗　今は学校を回る活動をする中で、親も苦しんでることがわかるようになった。自分たちばかりが「被害者《ひがいしゃ》」みたいに思っていたけど、親も急に子どもの問題が自分の問題になってしまい、「学校に行かない子の親」というレッテルを貼《は》られてしまう。そうなると、心に余裕がなくなってちゃんと向き合うことができなくなるし、「この子の将来は終わり」みたいになって、それで「自分はダメな親」だと思うようになってしまうんだろうね。

雄介　親と子の心のバランスって、すごく似てるなと思う。だから、どっちかだけのことをなんとかしようと頑張っても解決しないいんじゃないかと思う。自分の子育てを全部否定されて、心が折れてしまう親もいる。

知り合いの里親さんに「子育て60点」って歌があって、その言葉がすごく好きなんだけど、親も子も完璧を目指さなくていい。お母さんは子育て60点を目指せば十分で、あとの40点は自分のために使ってほしい。そこで元気になって少しでも多く心から笑えるようになったら、その姿が子どもにとってすごくプラスになると思うから。

八田　僕は親がきっかけをくれたことに感謝してる。音楽を始めたのは、親が雑誌を買ってきてくれて興味を持ったから。好きなことに夢中になるって大事だよ。好きなことと出会えるきっかけを、押しつけるのではなく、さりげない形でたくさん作ってあげてほしい。

雄介　僕たちに共通してるのは、遊びから音楽を始めたことと、それを親が否定しなかったってことかな。

「そんなことやってないで勉強しなさい」って、ちょっとでも言われてたら、自分に自信を持てなかったし、ここまで続けてこられなかったと思う。
あと、今自分にも問われてることなんだけど、講演ライブを観てくださった親御さんから、「うちの子も、ジェリービーンズさんにみたいになれるように頑張ります」って言われたことがあって、そうじゃないんだよな、親や他人が望む道筋に子どもを押しつけてほしくないなって……。
きっかけはいくらでも作ってあげたほうがいいと思うけど、自分の活動でもそこはいつも意識して気をつけないといけないなと思った。その子が「これがしたい」って思えたなら、その手助けや背中を押してあげればいいと思う。

八田 思えば、今の活動をするまで、不登校の経験は「恥《は》ずかしい過去」だと思ってたよね。全然そんなことないのに。

史朗 ずっと一緒に音楽をやってきたけど、「なんで学校に行けなかったか」ということは、おたがい一度も話したことがなかった。大人になって教員向けの勉強会で講師として初めてそれぞれの過去を話して、そこで人生観が大きく変わる経験をした。恥ずかしい過去でも人の役に立てる、人生に無駄なことはないんだって心から思えた。

雄介　自分の経験を話すのは怖かったけど、実際に話してみたら拍手《はくしゅ》をもらえて、「あっ」て気づいた。乗り越えたというのとは違って、納得できた感じ。今までの経験は誰かに話すためにあった出来事なのかもしれないって思った。この瞬間が人生の転機だったかな。不登校のとき、理由がわからなくて心が整理できていない状態で、自分でも学校に行けないことが「悪いこと」だと思っていて、なかなか声に出せなかった。でも、「わからない」ということも含めて、少しずつでも話すことや伝えることで整理できるという面があると思うんだよね。

史朗　あの頃の自分に、どう言えば学校に行けたのかを考えてもわからないよ。どんなにいい言葉を聞いても、言葉の理解力もないし伝わらない。自分がなんでこんなにしんどいのかもわからなかったし……。

だけど、自分と同じように悩んでいる人が、大人になって笑って生きてる姿を見て、「自分もあの人たちみたいに笑える未来があるかもしれない」と思ってほしい。

僕たちは言葉ではなく音楽で感覚に訴《うった》えたい。そして今の悩みを言葉で伝えられなくても、「自分もあの人と同じだよ」ってまわりに言えることで、今の苦しみを伝えてほしいいな。僕らにもそういう存在の人がもし身近にいたら、何か変わっていたかもしれないね。

雄介　僕はずっと心が弱いし、死にたい願望も強かったけど、どんな状況でも、その時々で楽しかったり幸せを感じたりする瞬間があるし、生きていれば何度でもその気持ちに出会えると思う。それを伝えたい。

八田　将来のことなんて誰にもわからないし、みんな不安で当たり前なんだよね。「学校に行かないこの子の将来はどうなるんだろう」と悩んでいる親を見て、あの頃はすごく不安だったけど、みんなと同じように学校には合わないとしても、社会に出たらその個性を生かせる場所がたくさんある。共通の好きなもので人とつながれるし、それがきっかけで友だちが増える。そういう世界があるとわかった。

史朗　学校では「みんなと違う」とコンプレックス持つけど、社会に出たら「みんなと違う」が生きるんだよ。

八田　そうそう。僕らの活動もオリジナリティが大事だからね。

人生のレールってなんだろう？

僕は94年生まれ、現在23歳です。小学校時代からなんとなく学校と合わず、モヤモヤした違和感を抱いていたのですが、中学校の頃に我慢の限界から不登校になり、独学で進もうと決めました。今は社会人として普通に働き、元上司とともに起業した会社で伝統工芸品を世界に広める通販《つうはん》サイトを運営してます。

「なんでこんなやり方をするの？」

それが、僕が日本の教育システムに抱いた疑問。小さい頃から、とにかく考えることと海外の文化が大好きだった僕は、理屈《りくつ》っぽく、ことあるごとに「なんで？」と聞き、理由が納得できないと、とことんつきつめました。

そんな僕に学校の授業は合いません。基本的に何の説明もなしに、「これはこういうものなんだ」と教えられ、それを否応《いやおう》なしに受け入れることを求められたから。

そして高学年になるにつれて、「自由時間だけども席は立ってはいけない」「教科書のページの先読みはＮＧ」「授業の中身は理解してるのにずっと席に座っていないといけない」など、生徒の都合は無視した意味不明な校則が増え、さらに息苦しくなりました。そんな状態が死ぬほど嫌だった僕は学校を飛び出します。

学校は嫌い、だけど勉強は好き。そんな僕が選んだ「独学」という道。

親に「学校に行きたくない」と相談し、理由も打ち明けました。すると、「これはお前の人生だから、自分で責任を持つなら行かなくてもよろしい。ただし、将来仕事に困らないように勉強はしなさい。スキルを身につけなさい。それを証明できる資格を取りなさい。そして勉強をしないのだったら学校に行って学歴をつけなさい」と言われました。

今思っても自分の息子に伝える言葉としては勇気あるメッセージだと思います。大学まで行って就職して、と願うのが親としては普通です

から。そんなわけで、理解がある両親にはとても感謝しています。

親の言葉に「なるほど」と納得できたので、僕はひたすら自宅で勉強に励《はげ》みました。とにかく嫌いだった学校に戻りたくないからという気持ちと、新しい知識を自分のペースでどんどん学べる！というワクワク感で図書館に通い、いろんな本を読み漁り、知識を深めて行きました。

資格もいくつか取りました。英検は5級から始めて2級まで、半年ごとに受けたので2年半で6年分、高校卒業程度までの勉強を終わらせてしまったことになります。調子に乗ってフランス語検定2級、TOEICも3回トライした後にほぼ満点の985点を取得しました。もちろん、簡単ではありませんでしたが、学校に行っていたら決してできないスキルを身につけられたと思います。

就活の時期になり、独学をする上で身につけたスキルは絶対に役に立つ、会社に入れば評価してもらえる、職歴さえついてしまえば就職はできる！と信じ、「学歴なし・職歴なし・バイト歴1年」という状態から正社員を目指し、まずは派遣《はけん》から始めて正社員への道を探りました。でも、「学歴なし・経験なし」が相当な足かせになり、面接まで至らずという状況が1ヵ月ほど続きました。

それでもあきらめずに応募《おうぼ》し続けていたら、「この会社は合うと思うけど、どうですか？」と言って紹介されたのが現在の仕事先でした。

これまで僕が大事にしてきたこと

- 自分の中の違和感を大事にすること。無理してまわりに合わせない
- 自分の状況をしっかり把握《はあく》、分析《ぶんせき》すること
- 分析を元に将来必要なこと、社会人として必要になることを考える
- 長所を伸《の》ばせる環境をしっかり作ること
- ひたすら頑張る。何かに熱中してみる
- 自分の得意なこと「自分はこんな人」ってメッセージを発信する

特に最後のふたつ、「頑張ること」と「まわりに発信する」はとても大事にしています。社会人として生きていく上で、まわりからの理解、評価はとても大事になってきます。

僕はまだまだこれからですが、この体験談が少しでもお役に立てば嬉しいです。

(Hiro Kano)

不登校からフリーランスになった話

思えば、小中学校の頃は暗黒時代だった。小学1年になり、学年通りに小学校に入学したのはいいものの、6年間いじめられ続けた。一学年下と幼なじみの友人はいたが、それ以外に友人はいなかった。

そのまま中学校に上がるとつぶれそうな気がしたので、親が老後に備えて家を買うことを名目に、隣《となり》町に引っ越して隣町の中学校に入った……のだが、そこでもいじめられた。

あまりにも耐えかねて、2年の2月からは不登校になった。今思えば、不登校になる少し前にパソコン部でパソコンが使えたので、学校で「不登校」と検索していたのがフラグだったかもしれない。

不登校になっても成績を保つ方法はあるが、めんどくさがりな性格が邪魔《じゃま》をして、そういったことはしなかった。

2月からの約1年間は、遊びつつも受験勉強をし、第一志望の定時制高校に受かった。定時制高校に入ってからは、バイトをしつつ学校に通った。高校では特に友人ができたわけではなかったが、いじめられたわけでもない。

だが、バイトでは叱《しか》られることが圧倒《あっとう》的に多く、高校に入ったその年の7月にバックれて辞め、このときからまた高校も不登校になった。

バイト先である人と知り合い、なぜか起業家を志すことになった。高校1年の3月からはフリーランスで仕事を始め、初月からそこそこ稼《かせ》げたことから、それを続けることにして今も続けている。

一応普通のサラリーマンより短い労働時間で生活できるくらいには稼いでいるが、大変なことも多い。締《し》め切りには間に合わせないといけないし、請求《せいきゅう》書を書き忘れると報酬《ほうしゅう》は振り込まれないし、取引先探しも一苦労。それに社会にはさまざまな「化け物」が存在していて、バイト先で知り合ったとある人はフリーランスになってから2ヵ月後、盛大に裏切り、心に傷跡《きずあと》を残していった。

そのほかにもいろいろな人がいて、ときには後ろから撃《う》たれることもある。それでも今のほうが楽しい。自分で稼いだお金で好きなものを買って、憧れの現実に近づいてゆける。仕事で取引先から喜ばれたときは嬉しいし、学生時代はなかった夢や目標も持てるようになった。自分は起業家を志したあたりから〝立派な社会不適合者〟になった。もはやプロの社会不適合者である。

それでもいいと思っているし、それで夢を叶えられれば、何よりだと思っている。

ちなみに、夢は自分の学生時代のときと同じように、悩んでいる人に「こういう生き方もあるんだよ」と未来を見せることである。だから今日も仕事をするし、次のあなたにContinuesしたいから、その日を実現するためにタスクを積み重ねる。

（はるか）

「普通」にとらわれなくていい

わたしは、いわゆる中1ギャップで中学1年生の春から不登校になりました。小学生の頃からクラスの女子とうまくやるのがとても苦手で、よく仲間外れにされて帰り道はひとり泣きながら家に帰りました。

中学校には、周辺の3つの小学校から生徒が入学することになっていました。しかし、大半が大きな小学校からの生徒で、わたしの小学校から入学する生徒数は全体の5分の1でした。ただでさえ知らない人だらけのクラスの中に、そこまで仲良くない小学生からの同級生が数人いるという環境に置かれました。

特別いじめがあったわけではありません。でも、わたしには無理でした。とりあえず女子のグループに混ざったものの、リーダー格の子が好きと言ったバンドを全員が「好き」と言う世界に共感できませんでした。トイレにみんなで行かないといけない世界に従えませんでした。

とにかく教室になじめませんでした。だんだん朝がつらくなり、「学校行きたくない」と頻《ひん》繁《ぱん》に母に言うようになりました。

学校すら行けなくなった自分が、価値のない人間に思えました。みんなと同じにできない自分、「普通」じゃない自分。こんな自分いないほうがお母さんも幸せじゃないかな……。

次第に「学校行きたくない」から「死にたい」と言うようになっていました。母は言いました。

「学校なんて行かなくていい。もう学校行けって言わないから、死にたいって言わないで」

母には感謝しています。学校に行かないことを許してくれました。わたしはゴールデンウィークから学校にまったく行かなくなりました。

母はフリースクールなどを探して連れて行ってくれましたが、どこも行く気が起きませんでした。父には義務教育くらいちゃんと受けろと怒られました。学校も家も嫌になってしまって、それでも「普通」に戻りたいし、お母さんを安心させたい。何か方法はないだろうか……。

たどり着いたのが「山村留学」でした。ネットで検索して最初にヒットした施設に見学に行きました。母は半日以上かけて高知県の山《やま》奥《おく》の施《し》設《せつ》までわたしを連れて行ってくれました。そこには少人数ですが全国から不登校の中学生が集まっていました。

その後の約2年間、わたしは高知県で山村留学をしました。施設から全校生徒が30名程度の小さな中学校に通いました。そこでも数回不登校になったり、施設の子とトラブルになったりと色々ありましたが、中学3年生の1年間は皆《かい》勤《きん》賞でした。両親と高知の皆さんのおかげです。

やっと「普通」に戻れたのかもしれない。でも、「普通」じゃなくても良いのかもしれない。不登校の経験は、今のわたしのキャラに生きていると思います。今はもう「普通」など気にせず毎日自分なりに過ごしています。

現在は両親のいる地元に戻って高校教員をしています。不登校になる生徒はどの学校にも必ずいます。不登校は特殊な事例ではないです。だから焦《あせ》らないでほしい。誰だって不登校になる可能性があります。不登校になるからってその人がおかしいわけじゃない。

わたしは、不登校になって悩んでる本人にも、その保護者の方にも、伝えたいのは焦らなくていいってことです。今いる学校は、偶然《ぐうぜん》同年代が集まったにすぎません。たくさん道はあります。もっと視野を広く持って、親と先生以外の大人と話すことをお勧めします。いろんな生き方をしている人がいます。いろんな価値観に触《ふ》れましょう。「学校なんて行かなくても大丈夫さ！」と味方になってくれる大人に出会えるかもしれない。

子どもは何だかんだ親を心配させたくないものだし、お母さんの笑顔が大好きなんです。もし自分の子どもが悩んでいたら、誰よりも味方でいてほしい。いじめにあっていようと不登校だろうと、愛していることをちゃんと伝えてほしいです。

不登校の経験から自分のような子どもを救いたい気持ちが芽生えて教育の世界に入りました。先生が向いているかどうかわからないけど、毎日夢中で駆《か》け回っています。夢は、歌って踊《おど》れる先生になること。「親も先生も大嫌いで学校なんて行きたくないけど、あの先生ならちょっと顔見せてあげてもいいかな」と生徒に思ってもらえる先生になることです。

（もりなっちゃん）

最後は、僕が今どんな日々を送っているのか、
そして将来の夢について語るマンガです。
題して、「不登校から高校生社長へ」。

初めてのイベントで熱く燃え上がった僕はその後もイベントを続け
自分でもイベントをやりたいと思うようになった！
イベント！
ハァ
イベント！
ハァ
やりたいことは…
学生が主人公で地元・和歌山の活性化につながること
先生
ちょっといいですか？
先生は大学時代ボランティアサークルをしていた経験があることがわかり
面白そうだね
実は…
!?
イベントの経験も人脈も豊富だった。僕にとっては渡りに船だ！
先生…！
ドキドキ
アドバイザーになってくださいっ
OK！
じゃあ企画を練ろうか！
ぎゅっ
ヤッター〜!!

考えたのは和歌山の良いところを高校生に見つけてもらうワークショップ。
お題 地元のイイ所～！
自然…
自然…
多くの意見をふせんに書いて貼っていけば素敵な地図ができると思ったのだ。
自然以外もたくさんあるよ！
ペタ
ペタ
ほかにも地元で活躍するアーティストのパフォーマンスや、
地元のNPOの人に活動内容を話してもらう用意もした。
よし…。
フンフン
市から補助金をもらうことができた。
がんばってね！
ラッキー
きゅんっ
ところが宣伝が行き届かず見事にコケた。
ガラ～ン
3人だけです…
3人だけ!?

次に企画したのはライブイベントだが、ライブハウスを借りるのには結構な使用料がかかると判明…。

ライブハウス借りるのに結構お金かかるんだよね～

そうなんだ…

使用料は高校生たちにノルマとして跳ね返る。そこで、僕は考えた。

ノルマ5枚ね
5枚か～～

うっ
場所は空いている時間のカフェ。音響機械も大人から借りることにした。

ここ、空いている時間借りれますか？

なにやるの？ライブ…！いいよ～

へぇ～

そんな感じで週一ペースでライブを開催。演奏できる高校生バンドからは感謝されたものの…

サンキュー小幡くん～！

利益は出ないし下手をすると持ち出しになった。

ピョ
ピョョ
また赤字だあああああ！

ガーン

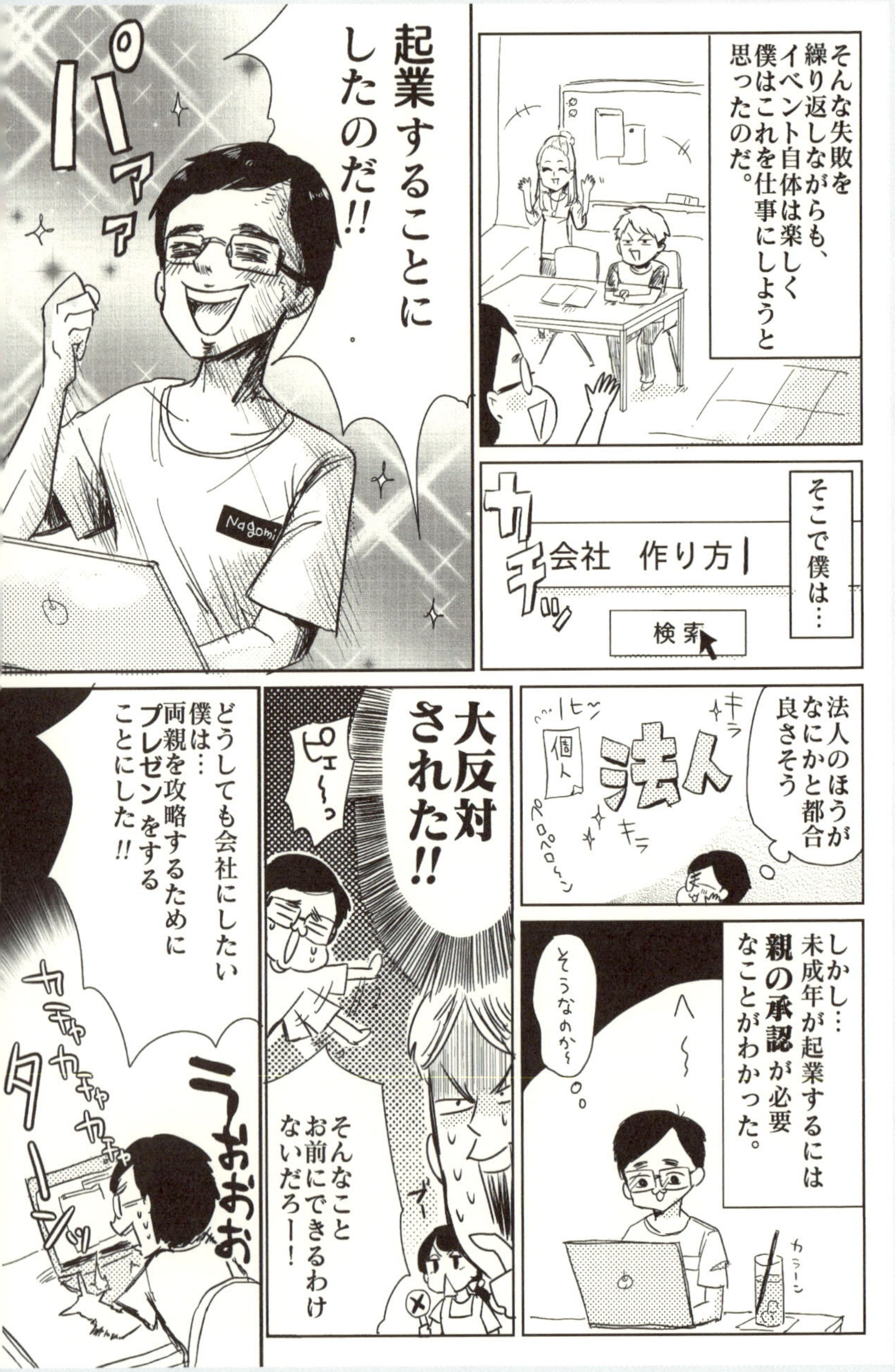
そんな失敗を繰り返しながらも、イベント自体は楽しく僕はこれを仕事にしようと思ったのだ。
そこで僕は…
カチッ
会社　作り方
検索
パァァ
起業することにしたのだ!!
法人のほうがなにかと都合良さそう
法人
キラ
キラ
個人
ペロペロ〜ン
しかし…未成年が起業するには親の承認が必要なことがわかった。
そうなのか〜
へ〜
カラーン
大反対された!!
ピェ〜っ
そんなことお前にできるわけないだろー!
ブー
どうしても会社にしたい僕は…両親を攻略するためにプレゼンをすることにした!!
うおおお
カチャカチャカチャ
ターンッ

僕は自分がやりたいことを書式にまとめてから説明して…
パチン
申請書
あとは親の署名と捺印だけだからヨロシクッ
ドド
おお！
起業に必要な書類一式を準備した。
僕の熱意に両親も折れた。
和輝がこんなにヤル気なんだから…
そうだね、やるだけやってみろ
骨は拾ってやる…たぶん
ぎゅ
うぉおっし！
必要な手続きは知り合いの行政書士さんにお願いして
小幡和輝
職業：高校生
社長
僕は晴れて会社の社長となった！
ようやくスタートラインに立ったものの、ライブイベントは相変わらず赤字体質だし
ワー
ワー
BOOOOOM
結局、一年で撤退！
わ〜。
ち〜ん
会社の税金のことなんて一度も考えたことないからサッパリわからない！
確定申告
住民税特別徴収
源泉所得税納付
どどどんっ

仕方ないので税務署へ行き係りの人に説明を受けてようやく理解。
明るい税務相談会
えっ おたく高校生なのに社長なの？
無料
とにかく初めての社長業は苦労の連続だ。
よっ 社長！
あだ名社長。
日々学び実践することも多い。
資金はクラウドファンディング
集客はSNS
助さん拡散！
SNS!
ゴー
んばっ
色々な人とのネットワークが出来ていく。
ドーモです。
ぺこ
きゅーっ
よろしくお願いしますっ
ガーンッ
スーツ似合ってねぇえ!!
初めての事業に成功したのはホリエモンさんを招いた講演会。
ドォン
満員御礼！
そんな僕の活動を応援してくれる声もある一方で…
ありがとう！楽しかったよ！
はう！

「遊びで事業をやるな」という批判の声もあったけど…
ガーン
2ちゃんねる
気づけば多くのイベントを手がけていた。
商店街で学園祭
選挙会場
18才だ選挙に行こう!
今では自分でもビックリするくらいいろんな仕事をこなす毎日で忙しい。
商品開発!
地方創生会議の主催
企業コンサル
両親も少し安心したみたいだ
特集 不登校
小幡和輝さん
またあの子出てますよ
なんかわからんけどすごいなぁ…

そんな中、
変わらずに続けているのが
学校での講演だ。
僕は呼ばれれば
全国どこへでも行く。
ガーーッ
中学・高校・大学でも
話をさせていただいた。
ザワ
パチパチ
僕はいつだって
本心を出す。
学校へ行きたくない
と思ったら、
行かなくても
いいんです。
僕のような
生き方も
あるからね
学校に行くなら
何のために行くのか
何を勉強するのか
ちゃんと考えて
みるといい。
学校って
何なのだろうと
いつも思う、
僕は行かなかったけど
本当は
行きたかった場所。
ペこ
キーンコーン
カーンコーン
いつの日か
不登校だった頃の僕が
行きたいと思える
学校を作りたい。
それが僕の
夢なんだ…。
終

part. 3

不登校でも大丈夫！

―僕はこうして仕事を見つけた

学校に行かなくても「大丈夫」になるためのアドバイス

「学校に行かない」のはいいとして、その後のことはどうしたらいいのだろう……と考える人はたくさんいると思う。

ここからは僕の体験を一例に、どうすれば学校に行かなくても社会に出て働くことができるようになるかを考えてみることにしよう。

みんなが学校に行かないとどうなる?

この本を出すにあたってとても悩んだことがある。仮に僕の意見がたくさんの人に賛同されて、不登校の子が今の何倍、何十倍にも増えたとする。その結果、「では義務教育をなくします」なんてことにならないかということ。

そう考えると、僕は少し怖くなった。世界的に見て、国民に最低限の教育を受けさせることは国力を高めるために必須《ひっす》であり、国の教育水準がそのまま国の経済レベルと比例しているのは間違いない。もし義務教育がなくなれば、日本社会は崩壊《ほうかい》してしまうのではないだろうか……。

しかし、僕は義務教育を受けていないが今を楽しく生きているし仕事もしている。その裏で、学校に行かないという選択肢を認めてもらえずに、うつや人間不信になってしまったり、命を絶ってしまったりする子がいることも事実だ。

僕にできるのは選択肢を伝えること。あくまでも僕の事例に過ぎないけど、それでも救われる人がいるのであればやる価値はあると思った。

学校は必要だ。それは間違いない。しかし、今の教育システムに合わない人がいることも事実。多様性を受け入れ、一人ひとりが自分に向いている形で学べるような社会になればいいと思う。

我慢することはいいこと?

話は少し変わるけど、今は働く人たちにとって厳しい時代だ。会社が労働者を使い倒《たお》し、その結果うつ病になる人や自殺する人が増えているという話を聞いたことがあると思う。そういう会社のことを「ブラック企業《きぎょう》」と呼ぶのもすっかり定着してしまった。

「石の上にも3年」という言葉がある。会社に入ったらとりあえず3年は我慢して働けと、先輩社員が新人に向かってよく言う。「我慢するのはいいことだ」という価値観……。僕はこうした言葉や意見を聞くたびに、「我慢なんてしないで、辞めたらいいじゃん」と言ってきた。

仕事はやる気がすべて。楽しい仕事であれば時間など関係なく働けるものだし、逆に楽しくない仕事は少しの時間でもやりたくない。そこには人それぞれ「向き不向き」があると思うけど、楽しくない仕事をやり続けるのは生産性が悪い。

会社というのは、労働基準法や労働契約《けいやく》法という法律によって、労働者を簡単にはクビにできないようになっている。正当な理由がない限り、社員をクビにすることはできない。これはつまり、社員が自分から辞めるという選択をしない限り、会社にとっても本人にとっても不幸な状態が続いてしまう、ということでもある。

だから僕は「辞めたらいいじゃん」と言ってきた。別に軽い気持ちで言っているわけじゃないし、その意見はずっと変わらない。

それとは別に最近思うことは、子どもの頃から「嫌なことでもやり続けることが正しい」という価値観を植えつけられているのではないかということだ。「学校」はその典型かもしれない。嫌でも行かなければならない場所だと思われているのだから。

ほかにも、人より勉強ができるのに自分だけ先には進めないし、スポーツが苦手なのに課題ができるまでやらされるし、給食に嫌いな食べものが出たらそれを食べ終わるまで休み時間にならないし……。それが「合わない」からといって学校を休もうとすれば、「みんな来てるんだから、ずる休みするな!」といじめられる。

子どもの頃からこうした価値観の中で育てば、社会人になっても「じゃあ辞めたらいいじゃん」とはならないのかもしれない。僕が今「じゃあ辞めたらいいじゃん」と言えるのは、学校に行かないという選択肢、つまり嫌なことがあれば、それをやめて別の手段で代用することができるということを実体験で知っているからだ。

そのことをみんなが知らないからこそ、僕は「学校に行かないという選択肢」や、「つらいことからは逃げるという手がある」ということを伝えておきたい。

現場の人にも違和感がある

僕は講演などに呼ばれてこういう話をするようになった。すると、学校の先生からたくさんのメッセージが届くようになった。ある先生からは、「大きな声では言えませんが、来たくないのであれば学校には来なくていいと思っています。ですが、『学校に来なくてもいいよ』というのは、子どもの捉え方によっては、『学校にあなたの居場所はないよ』と考えてしまう場合もあるので、かなりデリケートな問題です」というメッセージをもらった。

先生にも立場があるから、「学校に来なくてもいいよ」とはなかなか言えないと思うけど、現場でも今の教育に疑問を持つ人がいるということを僕は知ることができて、それはとてもありがたかった。

今、学校は大きく変わろうとしている。2020年度には「大学入試センター試験」が「大学入試共通テスト」となって試験の内容が大きく変わる。2016年には文部科学省からすべての学校に対して、「不登校を問題行動と判断してはならない」という通知も出た。

では、これからの学校に求められる役割は何だろう。

僕は学校に行ってない立場なので、「こんな学校だったら行ってみたい」という意見を少し書いてみたいと思う。

僕の意見は、多くの学校がより専門学校に近づいたものになっていくといいな、ということ。スポーツが得意な子、勉強が得意な子、ゲームが得意な子、音楽や絵が得意な子、手先が器用な子など、それぞれに得意なことや好きなことがあるのだから、それをとことん伸ばしてあげられる場所になってほしい。

これまでの学校は、平均的な底上げを目標にしてきた。みんなが全教科50点じゃなく60点を取れるように。でも、これからの時代は〝平均的な人材〟では生きていけない。「代わりがきく仕事」は、費用があまりかからず何時間でも働けるロボットに代用されていくからだ。「ロボットにできないこと」をやれる人にならないといけないわけだから、平均点は30点しか取れなくても、算数や数学だけは１２０点取れる人がいれば、その得意なところをもっと伸ばしてあげるような教育やサポートが必要じゃないかと思う。それが音楽やスポーツ、絵を描くことでもいい。

今の学校が「個人の才能を最大限に発揮できるようにサポートする場所」だったとしたら、僕も行ってみたかった。

アルバイトはしたほうがいい

アルバイト禁止の高校があることが僕には理解できない。「勉強に集中させるため」という名目らしいけど、それなら「部活をやらないのでその時間をアルバイトに使いたいです」という行動は認められるべきだと思う。

少し前に北海道の高校生が、「アルバイトが禁止なのは憲法違反《いはん》」だと苦情審査《しんさ》委員に申し立てたことがある。憲法第27条第1項《こう》には、「国民は、勤労の権利を有し、義務を負う」と書かれていて、これに反するんじゃないかと訴えたのだ。

しかし、この申し立ては却下《きゃっか》されてしまった。「アルバイトを無制限にした場合、判断力が未熟な生徒が悪い環境で働かされる危険性があり、勉強がおろそかになる可能性がある」という理由で。

小中学校なら納得できないこともないけれど、義務教育でもない高校で、「勉強がおろそかになる」という理由で学校以外の時間を拘束《こうそく》できるという判例には到底《とうてい》納得がいかない。みんなはどう思うだろう。でも、現在の社会ではそういうことになっている。

考えてみてほしい。アルバイト経験が一切ない高校生がいきなり就職する場合、本当にそれでいいのだろうか。働くための心構えや職場での常識など、あらかじめ知っておく必要はないのかな。

たとえば、「働くとはどういうことか」とか、「世の中でお金はどんなふうにまわっているか」といった経済の仕組みとか、これから社会に出ていく生徒たちに実際に役に立つ授業があってもいいと思うのだけれど、そういうことをきちんと教えてくれる先生はあまりいないんじゃないかと思う。

そもそも先生の持っている知識はかたよっていると僕は思っている。どういうことかと言うと、先生になるには、大学で教員免許《めんきょ》を取る必要がある。中学高校から大学入試を意識した勉強中心の生活を送り、大学は教育学部で、まわりのコミュニティは教育関係者が多いという環境で過ごすことになるだろう。

そういう環境で育っているわけだから、学校の先生には「お金を稼ぐ」ための知識は必要なかったんじゃないかと思う。

申し訳ないけど、お金の稼ぎ方は学校の先生より僕のほうが教えられるし、これからの社会ではその力がとても重要だ。

アルバイトはその第一段階だ。親からもらったお小遣いではなく、自分で稼いだお金は重みが全然違う。頑張れば時給が上がるかもしれないし、先輩に気に入られればご飯をおごってもらえるかもしれない。働けば働くほどお金がもらえるので、努力次第で使えるお金が増える。そういう体験はとても貴重だから、早く経験したほうがいいと僕は思っている。

定時制高校は教育の最先端《さいせんたん》!?

一般《いっぱん》的な高校はアルバイトが禁止されているし、在学中に自動車免許を取ることもできない。ところが、これを大々的に認めて、むしろ推奨《すいしょう》している学校がある。それが定時制高校だ。

定時制高校ではアルバイトが全面的に肯定されている。むしろ、アルバイト先を学校が紹介してくれる。許可を取れば車で通学することも可能だ。

何らかの事情があって中卒で働き出した人が、高卒の学歴を取るために作られたのが定時制高校だ（通信制高校も同じような事情の人が利用している）。同じ学年でも年齢はバラバラだし、まさに多様性を受け入れる教育現場だと言える。

定時制高校の場合、少人数クラスなので先生と生徒の距離が近く、授業以外の時間でも職員室に遊びに行けるし個別相談もしやすい。

僕は定時制高校が教育の最先端だと考えている。勉強のレベルはそんなに高くはないけど、少人数なのでわからないところがあればちゃんと教えてもらえるし、授業時間も短い。

僕は夜間の定時制に通って、18時から21時15分までが授業だった。４年で卒業する４年制を選択したが、毎日の授業時間を１時間増やせば３年で卒業もできる。

僕は学校以外の時間をほぼアルバイトに使っていた。朝から夕方までスーパーの惣《そう》菜《ざい》売場で働き、夜は学校に行くという生活だった。お金がもらえるのが楽しくて、貯金は１００万円くらいできた。そのお金を使って高校３年生の夏休みには免許を取り、スーツを買い、起業の資金にも使った。大学の学費も一部はそこから出した。お金の重みはよくわかっているつもりだ。

そして、僕が起業できたのは定時制高校だったからだ。アルバイトが禁止というのは、広義的には「自分でお金を稼ぐことが禁止」という意味らしい。だから、ストリートライブで投げ銭をもらったり、ＣＤを販売《はんばい》したりするということも学校的にはアウトとなる。僕の友人たちはそれでたくさん苦しめられているし、高校が起業を認めてくれなかったので転校して起業した友人もいる。

僕は定時制高校だったので、起業すること自体は問題がなかった。進路相談という形でいろいろと事情は聞かれたけど、反対されたわけじゃない。高校生のチャレンジを学校はぜひ認めてあげてほしい。

もちろん、定時制高校にはデメリットもある。世の中でのイメージはあまりよくないし、不良生徒や中退者が集まるというイメージを持たれていることも事実だ。そしてそれは「就職」のときに顕著《けんちょ》にあらわれる。僕の就職先の候補は、地元のスーパー、建築系、介護《かいご》職以外はなかった。一般的に給料が低く、人があまりやりたがらない仕事と言えるかもしれない。定時制高校は高卒の学歴としては底辺なので、それは仕方がないことだ。残念だけど。

もしほかの仕事がしたいのであれば、別の形で働く先を見つける必要があるし、学歴を補うくらいのすぐれたスキルを持つか、有効な人間関係を作らなければいけない。そのことは頭に入れておいたほうがいいと思う。

僕が学歴をアップデートとして大学へ進学した方法

さて、ここでちょっとした「裏技」を紹介したい。定時制高校や通信制高校から大学に行く方法だ。これを知っておいて実現できれば心配がひとつ減る。

僕は今、国立大学の和歌山大学に通っている。すでに起業しているので就活はしていないけど、普通に就活をすれば和歌山大学の学生として扱われるので、就活自体はそんなに大変ではないと思う。

一般的に、定時制高校から大学に進学する人は少ない。そもそも定時制高校の勉強レベルは、センター試験に通用するものではないので、大学受験をする場合には、塾に通うか家で猛《もう》勉強しなければならない。でも僕はそうしなかった。

僕が裏技的に使ったのが「AO入試《エーオー》」。調べればわかるけど、今はたくさんの大学で実施《じっし》されている。AO入試というのは、大学側が求める学生像（アドミッション・ポリシー）に、受験者の人物像が合っているかどうかで決まる。センター試験を使わず（一部の国公立大学では使う場合もあり）、一次は書類審査、二次は作文や面接などで合否を判定する入試方法だ。僕はこれで大学に入った（厳密に言うと、和歌山大学では「推薦《すいせん》入試」と言うのだけれど、受験資格や試験内容はほとんど同じなので、ここでは同じものとして扱う）。

じつは、定時制高校の生徒はAO入試に強い。ひとつは社会経験があること。基本的にアルバイトをしているので社会人と話す機会が圧倒的に多く、日常的に社会人と接しているから面接に強くなる。アルバイトをするときには面接を受けるし、学校と違って人の入れ替わりが早いので自己紹介をする機会も多い。それが面接の模擬《もぎ》練習になると思っていい。

もうひとつは、成績の「評定」。多くのAO入試は評定平均が一定以上なければ出願できないという制約がある（3・5くらいが多い）。面接だけではその人の能力を把握しきれないから、最低限の足切りをするためだろう。

単純な学力という意味では負けるかもしれないけど、学校内での成績となれば話は別だ。偏差値《へんさち》60の学校で評定4・0の生徒と、偏差値40の学校で評定4・0の生徒の学力は当然違うけど、書類上は同じに扱われる。

僕の評定は、ほとんどオール5だった。おそらく受験者の中でダントツだったと思う。しかし、実際の授業では中学レベルの問題をやっていた。その中で取った成績なので学力としては高くないし、センター試験は到底受けることができない。でも、書類上の評価は他の学校と同じなのだ。

僕は和歌山大学に首席で合格した。僕の友人にも、定時制や通信制高校出身で慶應《けいおう》義塾《ぎじゅく》大学などの難関校に進学した人間がいる。これが学歴を上書きする裏技だ。

ちなみに、大学に入ってから勉強についていけないということはほぼない。大学の授業の多くは大学生になってから初めて学ぶ内容なので、スタートラインはみんな同じだと考えていい。しいて挙げるとするなら、英語には結構苦戦しているので、中学レベルくらいまではきっちりやっておいたほうがいいと思う。

不登校になったあとの仕事について

不登校を肯定するときに必ずといっていいほど「不登校になったら就職できない」という指摘を受ける。確かに不登校であることが、就職においてプラスにはならないだろう。なので、僕は自分で稼ぐという選択をお勧めしたい。僕には、会社にしばられず自分で仕事を作るフリーランスの友人がたくさんいて、不登校とフリーランスの親和性は高いと感じている。不登校が、学校というコミュニティや仕組みが合わなかった人の特徴だとすると、フリーランスは会社というコミュニティや仕組みが合わなかった人の働き方だ。

前項の正しい不登校のやり方でも書いたように、不登校になると自由に使える時間が一気に増える。この時間を使ってプログラミング、デザイン、ライティングなどのフリーランスにつながるスキルを身につけ、10代からフリーランスとして仕事をするという選択だ。僕のまわりには、10代でもそのあたりの社会人より稼いでいるフリーランスの人がたくさんいる。

最初からそこまで行かなくても、インターネット上で簡単な仕事をマッチングしてくれるサービスはたくさんある（クラウドソーシングという仕組み）。エクセルで簡単な作業をしたり、流行りのゲームをプレイしたレビュー記事を書くとか。時給にすると500円くらいだろうか。最低賃金より安いじゃないかと思うかもしれないけど、年齢に関係なくどこでも自分の好きな時間で働けて時給500円と考えると悪くはないだろう。子どもだけでなく主婦の方にもお勧めしたい。

たとえば、中学生がクラウドソーシングを活用して月1万円でも稼ぐことは十分に可能だし、お金を稼ぐことを通じて、ビジネスマナーやコミュニケーションといった大切なことも学べる。

世の中には普通の人が想像しにくい仕事がたくさんある。ゲームを仕事にすることも可能だ。プロゲーマーは一握りしかなれないし、ゲームを作ることは相当のプログラミングスキルが必要で、それはなかなか難しいけれど、ゲームには「デバッグ」という仕事がある。これは、発売前のゲームを徹底的にやり込んで、エラーが出ないかどうかを検証していく仕事だ。近年、スマホゲームの普及でゲームデバッグの会社は大忙《おおいそが》しなのだ。

これなら難しいスキルは必要ない。ゲームが大好きであればできる仕事だ。僕が不登校だった当時、もしこれを知っていれば絶対にやったと思う。

クラウドソーシングという仕組みもここ数年で一気に広がったもので、僕が不登校だった当時はなかった。そう考えると、不安なのは情報を知らないからであって、広く社会を見渡してみると今の社会は不登校であっても問題ないような仕事がたくさんあるように感じる。

コワーキングスペースという居場所

ここ数年で「コワーキングスペース」という、フリーランスが仕事をするために借りるシェアスペースが急増している。

ぜひコワーキングスペースを運営されている方にご協力いただきたいのだが、学校に行っていない昼間の時間に、子どもたちがコワーキングスペースに行けるといいなと思っている。

前項でも書いたように、不登校とフリーランスの親和性は高いと思っている。自分自身が会社という組織になじめなかったからか、不登校に対しても肯定的な人が多い印象もある。

コワーキングスペースには不登校を肯定してくれる人がいて、そこに出入りできれば、近くでスキルを教えてもらうこともできるかもしれない。そのまま子どもたちが仕事を手伝いだしたら最高じゃないか！　僕は今、全国のコワーキングスペースを運営している人と相談をしているところだ。これはぜひ実現させたい。

不登校からフリーラーニングへ

そろそろ「不登校」という呼び方を変えられないだろうか。「不」という言葉からは学校に行くことが正しく、学校に行けない人は間違っているという印象を受ける。学校に行くという選択があってもいいし、行かないという選択もあっていい。

そんなことを考えているときにフリーランスとの親和性について考える機会があった。フリーランスのように「フリー〇〇」というような言葉を作れないだろうか。

そこで思いついたのが「フリーラーニング」だ。たとえば、情報技術を活用した学習はe-Learning（イーラーニング）と呼ばれている。「学習」を意味するラーニングと「自由」を意味するフリーを組み合わせてフリーラーニングだ。

最近では「ホームスクール」（スクーリング）という言葉も広がりつつある。でも、僕は自宅学習だけではないと思っているので、もっと広い意味の学びということでフリーラーニングという言葉を使いたいと思う。

不登校の先輩として、言いたいことを言わせてもらったけど、どうだったかな？これを読んで、もし学校に行かない選択をするとしても、実際に「学校に行きたくない」って親に打ち明けるのはすごく勇気がいると思う。怒られるかもしれないし、悲しい思いをさせるかもしれない。

でも、学校なんかより大切なことがある。それはキミの「命」だ。本当につらいのなら、勇気を出してほしい。この本を一緒に読んで、親と真剣《しんけん》に話してみてもいいと思う。最初は怒られるかもしれないけど、親は絶対キミの味方のはずだ。怖がらず自分に正直になったほうがいい。

最後にもう一度言っておきたい。「学校は行かなくてもいい」と。

●●●● みんな不登校だった ●●●●

河合未緒 ｜ かわいみお

Case study 04

ネット上で不登校経験者と不登校生が相談できるサイト「Clue」、元不登校生のインタビューサイト「Load」をリリース。インバウンド事業で日本人・外国人向けに簡単に着ることができる着物＆帯を販売。

女の子特有のいじめに苦しむ

私が不登校になったのは、簡単に言ってしまうと学校でいじめに遭《あ》ったことが原因です。女子特有のいじめで、暴力的な目に見えるいじめではなくて、わかるかわからないかくらいの、ジワジワ精神的に追いつめられていくような感じで、ちょっとノイローゼ気味になりました。

学校の先生に相談をしても、目には見えないから明確なことをわかってもらえずに、「それはいじめられているわけではない」と言われてしまいます。

長男長女の特徴《とくちょう》だと思うのですが、親にはなかなか相談できなくて、一人で抱え込んでいたら精神的にやられてしまって、ある日何かが壊《こわ》れたって感じですね。

家入さんの話と似ているというか、共感する部分があって、たぶん向こうはいじめてるって感覚はないのだけれど、そういう空気感になってしまうんですね。そういうのって、親とか先生とかには理解するのが難しいんじゃないかと思う。

社会の風潮として、何か大きな理由がない限り、学校には行かなきゃいけないというのがあるじゃないですか。「行かなくてもいい」という選択肢は、一般的にはほとんどないわけでしょう。でも、空気感で苦しいなんて言ってもわかってもらえないからつらくて……。今も女の子たちから相談をよく受けるんですけど、特に女の子にはそういうことが多いと思います。

私は中学校3年間、ほぼ完全な不登校でした。中学校のほうが独特の思春期と絡《から》んでいるので小学生よりも陰湿《いんしつ》なんです。まわりと精神年齢が合わないっていうのもあると思います。私は逆にそういうのがあんまりなくて、むしろ精神年齢が若干大人びていたということもあって、可愛げのない子どもだったんですけど（笑）。

私の場合、そこでいじめられて学校に行かなくなったからこそ、コミュニケーション能力の大切さに気付いたというのはありますね。それがないと、もっと人と接するのが下手だった気がしています。世間になじむためのきっかけというか、後々考えてみたらそうだったんだろうなと。当時は相当苦しかったですけど。

親は「学校に行け」の一点張りで、家にも居場所がない感じでした。だから、家に居場所があったっていう人の話を聞くとうらやましいなって思います。それだけでだいぶ救われるんじゃないかな。

私にはそれがなかったので、そこが大きな違いです。

どうやって居場所を見つけたか

その後、定時制高校に通うようになって、そこからですね。まわりにも不登校の子がいたし、いきなりすべて出席しないで、たまに休んだりもしながら徐々《じょじょ》に毎日行くようになっていきました。やっぱり時間はかかりますよね。

家入さんもおっしゃっていたと思うのですが、私としては学校に行きたくないわけではなくて、むしろ同じようにみんなと一緒のレールの上を歩きたい派だったんです。学校に戻りたくて仕方がなかったし、行きたいという気持ちがありました。

ほかには、高校で出会いもあったし、やはり居場所を見つけられたのが大きかったと思います。たぶん学校だけだときつかったんですけど、途中で美術部に入って、そこで居場所を見つけたって感じでした。美術部に入らなかったら、もしかしたら卒業が伸びていたか、あるいは退学していたかもしれません。

中学校時代の話に戻ると、私はそのあいだ、ずっと家にいました。小さい頃から習い事とかしていて、学校に行かなくなってもそれを続けていたらまだ少しは可能性があったと思うのですが、中学に入るタイミングで勉強に集中したかったので、すべての習い事をやめてしまったんですね。

学校に行かなくなってから、学校に代わる新しく居場所を見つけるのはとても難しいです。そのために外を出歩いて、普通に通っている同級生とかに会うのも嫌だし。車で移動するときには、見られたくなくて車の中でも常にしゃがんで窓から見えないようにしていたくらいです。

じつは私、転校したんです。違う学校に行けばなんとかなるかもしれないって思っていたけれど、やっぱり行けなかったですね。

私は、自分の一番の味方になってほしい親から責められたりしたこともあって、誰も信用できないし、「人が怖い」から始まっていたので、人に対する恐怖心をある程度緩和《かんわ》させてから転校とかしないと、結局行けなくなってしまうと思っています。

小幡さんの場合も学校には行っていなかったけれど、適応指導教室へ行ったり、いとこの方と毎日のように遊んだりしていて、私のように「人が怖い」っていうのがあまりなかったのがよかったんじゃないかと思うんです。

昔は近所の人の目があったし、親戚《しんせき》が近くにいたりして、自然な形でコミュニティができたり、コミュニケーションを取る機会も多かったじゃないですか。そこで救われる部分もあったと思うんですね。今は大部分が核《かく》家族だし、私の家は親が転勤族だったので、ずっと昔からの知り合いがいなくなってしまったというのも影響しているのかなと思っています。

不登校になってわかったこと

不登校時代はものすごく苦しくて、同じ経験は二度としたくないというのが正直な気持ちです。今まで生きてきていろいろな経験をしてきましたが、それでも不登校時代が一番苦しくてつらかったです。

ただし、あのときに不登校にならなければ、逆に人として終わっていたなっていう気持ちもどこかにあるんです。もしもそのまま一般的なレールの上を歩いていたら、もしかしたら相当ひねくれた人間になっていたような気がしています。

私、行かなくなる前は勉強ができたし、まわりよりも大人っぽかったので、人を見下してるような部分が多少なりともあったのかなと思っていて、いじめられる原因が自分の中にもあったのだろうと今は思いますね。そういうことが冷静にわかるようになりました。

先生や親に望むこと

今でも日本の社会で生き抜くためには、学校に行かなきゃいけないという感覚が一般的です。今回のケーススタディに登場する人たちは、全員起業しているからあまり関係がないかもしれないけれど、会社員になると能力うんぬんじゃなくて、人とのコミュニケーション能力の高い人が出世したり、生きやすかったりという部分がまだまだ強いと思うんです。

変な話、まわりの目線を気にしながら生きるというか、それがよいのか悪いのかわからないけれど、そういうことって学校で学ぶべきことのような気がします。人の顔色を窺《うかが》うみたいなことかな（笑）。

日本の教育は全体教育なので、「右向け右」みたいな感じですし、飛び級とかもありません。それがよい部分でも悪い部分でもあって、いずれにせよ「つき抜けた人」は育ちにくい環境にあると思います。

不登校に対しての、社会からの目線が厳しいというのがある限り、そこが変わっていかないと何をやっても子どもたちが苦しむだけというループを抜けられないと思うんです。そこで苦しんで、そこに時間を取られて人間不信に陥《おちい》って気力をなくしてしまうことも、せっかくの才能をつぶすことになってしまうんじゃないかと。

では、学校に行かないという選択をすればいいかというと、そういう単純な話でもないと思います。小幡さんが言うように、学校に行っているはずの時間をどれだけ充実させることができるかが大切なのだけれど、たいていの子どもはそんなことまで考えられないというのが現実だと思います。「学校に行かない」という選択肢の先に、同じように「こういう生き方もある」という選択肢が見えていないと、やっぱり安易には選べないと思いますし。

子どもの目線って、やっぱり親と同じになっちゃうと思うんです。だとしたら、親が目線を下げるというか、社会の常識ではなくて、子どもの目線を大切にしてほしいと思います。

それとは別に、現状相談を受けている子たちの中には、家で虐待《ぎやくたい》を受けていて、学校では友だちにいじめを受け、先生からは学校にどうしても来いと言われるみたいな、八方塞《はつぽうふさ》がりの子たちが結構います。

もしこれを見てくれる先生がいたら、先生だけでもその子の味方になってあげてほしいと思います。学校に来いと強く言い過ぎないだけでも、もしかしたらその子は救われるかもしれないから。

不登校から起業して成功している皆さんに共通しているのは、ご自身でちゃんと居場所を作っていることです。逆に言えば、「居場所がないこと」が本当につらいと思うんです。今、不登校になっている子どもたちが、そういう居場所を見つけてくれるといいなと思います。

オリィさんは3年くらいコミュニケーションが取れるようになるまで時間がかかったし、家入さんもうまく笑えなくて笑顔の練習をされたそうですし、戻るのには時間がかかるということもわかってほしいですね。

親はどうしても子どもをすぐに学校に行かせたいと焦ってしまうと思うのですが、それが子どもを苦しめてしまうと。

今成功している方たちでさえ、それくらい時間がかかっているのですから、長い目で子どもたちを見てあげてほしいと思います。

Case study 番外編

みんなの不登校体験談　その3

強制されたフレームワーク

いつものように俺《おれ》は授業を抜け出す。

俺「今日は部室でマンガでも読んでるか」

廊下《ろうか》に出て、ふとトイレに立ち寄る。なじみのメンツが数人たむろしている。と同時にひどく煙《けむ》たい。

俺「くさっ」

なぜか笑う男たち。

男「吸う？」

俺「いや、いらん」

一同「ヘタレか」

俺「度胸があるなら廊下か庭で吸え。そのほうが気持ちええで」

押し黙る連中を横目に用をすます。そのままトイレを出る。なんとなくサボるのが気分悪くなって一度教室に戻った。

いつの間にか休み時間、どうやら熟睡《じゅくすい》していたようだ。と、先ほどの男が寄ってくる。

男「絶対チクんなよ」

俺「はいはい」

この日を境に、13歳の私は学校へ行くのをやめました。たったこれだけのやり取りを受けて「学校へ行く」という行為《こうい》すべてが馬鹿らしくなってしまったのです。

ここから中学3年の春に至るまで、私は不登校を続けました。その間、親だけでなく先生も頻繁に家を訪ねてきて、私が不登校になった原因を探り、解決しようといろんな話をしてくれました。

今となってはありがたいことですが、当時の私には、「イジメられてるけど本当のことを言えない、かわいそうな子」のような目で見られること自体が非常に気に食わないことでした。しかも、どんなに探っても明確な理由なんてないので解決できるはずがなかった。私にとって、「学校に行きたくない理由がある」わけではなく、「学校に行く理由がない」というのが正直な感情でした。

当時の私に大人たちはみな、「学校に行かないと将来に響《ひび》く」「今の学校は楽しいところだよ」と言いましたが、説得するには不十分だったのでしょう。大人と子どもの乖離《かいり》は、正論の強制から生まれやすいんだと思います。

「学校には行くべきだ」

「成績は良いほうがいい」

「野菜は食べないといけない」

「動物は殺してはいけない」

これらは確かに正論だと思いますが、ちゃんと理解して語ってくれる大人は多くありません。

不登校の子どもを抱えている大人だけでなく、子どもを持つ親や教育にたずさわる方にはぜひ、「学校には休まず行きましょう」ではなく、「あなたにとって学校とはどういう場所ですか？」から始めて、子どもたちの意見を聞いてみてほしいと思います。

彼らが「勉強するための場所」と答えたら、「なぜ勉強するのですか？」と続けてください。

彼らが「友だちと遊ぶための場所」と答えたら、「なぜ友だちと遊ぶと楽しいのか？」を深く掘ってあげてください。

それらの会話の先で、「じゃあ学校は毎日行かないとね！」とおたがいに納得できて初めて、学校に毎日行けばいいんだと思います。

今は一児の父となった私は、彼にとって一番の手本でありながら、一番近くでともに成長する存在でありたいと思っています。

最後に一言。

「学校行かなくても人生は絶対終わりません」

ただし、もしかしたら後からやってくる悔《く》いを、少しでも抑えて次に進むために、「自分の選択肢は自分で決める」ことだけ心にとめておいてください。

子どもも親も関係なく、それぞれ全部自分のためです。楽しく生きましょう。

（武智勝哉）

父の判断で学校へ行かなかった私

私の不登校は中学2年生の10月の1ヵ月間だけ、自分の意志ではなく父親の判断でした。

中学入学後、私は親友とバスケ部へ入部し、1年生ながらレギュラーとして試合に出ることが続きました。ある日、「ちさきが先輩の悪口を言っている」と、親友が3年生の先輩に嘘をつき、私は先輩から部室に呼ばれました。そこでは髪《かみ》の毛をつかまれ、殴られ、怒鳴《どな》られ、土足で踏みつけられるなど暴行を受けました。

私は教室に戻って外が暗くなるまで泣き続け、見た目も心もぼろぼろで家に帰りました。母は私の変わり果てた姿を見て、泣きながら父に相談し、父はすぐに学校に訴えに行ってくれました。

先輩とその親が校長室に呼ばれ、全員が謝罪してくれました。一番暴力をふるった先輩の親からは、「怖い思いをしたでしょう？ 本当に申し訳ございませんでした。ちさきさんの気が済むまで殴ってください」と謝ってくれました。

しかし、暴力の元々の原因は究明されず、バスケ部は休部になりました。3年生が起こした事件で休部、さらに理由は明かされない状態だったため、暴行事件に関係のない2年生の先輩からは、廊下で会う度に舌打ちや陰口《かげぐち》、叩かれたりなど逆恨《さかうら》みを受けました。学校内で真実は話されることはなく、学校全体が「ちさきのわがままでバスケ部が休部している」という認識をされている状態でした。

暴行を受けたのが狭い部室だったので、私は自宅のお風呂《ふろ》もトイレも怖くて泣きながら入る状態でした。でも、不登校＝負けた気がして、悔しくて休まずに学校へ行っていました。

私が休まずに通学していたことから、1年生の親御さんたちが、「うちの子はバスケがしたいのにできなくてかわいそう」、「ちさきさんはもう大丈夫そうだし休部を解いてほしい」と学校に訴えがありました。学校の先生からも、「ちさきさんは毎日学校に来てますし、(今より太ってたから表面上)元気そうなので大丈夫ですね」と言われ、休部が解除されることになりました。

真実も明らかにされないまま休部の解除をした学校の態度に激怒《げきど》した父が、「もうあんな学校に行くな」と言ってくれて不登校になりました。

不登校中、先生たちは家まで謝罪に来たり、山梨県の報道局から取材依頼《いらい》も来ました。取材に関しては、学校や教育委員会側から「話さないでくれ」と口止めが入り、結局真実は明らかにはなることがありませんでした。不登校のまま1カ月が経ち、学校側がバスケ部休部を決定したので、私は再び通学を開始しました。

暴行事件から1年経っても真相は明かされません。私は現状を変えたくて、制服がぶかぶかになるまで痩《や》せました。別人のような私の姿を見た同級生が、「一体なにがあったの?」「本当のところは?」と聞いてくれるようになり、少しずつ村八分状態の環境は改善していきました。しかし、在学中はもちろん、卒業しても真実は公にはされず、嘘をついた親友からの謝罪もありませんでした。

私が不登校をした中学2年生の10月は、学校や教育委員会へ訴えるためのものでした。毎年10月になると、当時の嫌な記憶がよみがえります。精神的ダメージは薄《うす》れましたが、決して忘れることはありません。

両親からは、「勝ち負けじゃないのだから無理しないで。行かなくていいんだよ」と言われてました。そう言ってくれた両親には感謝しています。でも私は悔しい一心で通学していました。16年経っても忘れられないほど心の傷は深く、今では当時無理をしなければよかったのかなと思います。

親御さんや保護者の方は、お子さんの気持ちを尊重するだけでなく、大人の判断で「子どものためにならないと思ったら不登校の判断をしてほしい」と思い、今回こちらを書かせていただきました。ご本人だけでなく、親御さんたちへ届くと嬉しいです。(ちさき @chisaki_w)

幸せな不登校児

私に「うつ病」という診断《しんだん》名が付いたのは中学2年生の頃でした。薬は処方されましたが、そこから徐々に体調と出席率が下っていき、中学3年生も終わりかけの頃には学校にほとんど行かれなくなりました。私は私立の中高一貫《いっかん》校に通っていて、勉強の出来の良くない生徒が高校進学のために受ける「適性試験」にはかろうじて通った後だったので、問題なくというか何というか、「不登校」をするに至ったんです。

学校に行けば友だちはいる。先生たちも優しい。でも、とにかく教室という場所にいるのがとてもつらい。通学の電車の中も人混みが耐え難い。家の中に引きこもり、暗い部屋でチャットばかりやって過ごす私を見かねた母は、私を無理矢理学校へ送ろうとするのではなく、一緒に家でゆっくり過ごしたり、毎日散歩に連れて行ったりしてくれました。

家から1キロほど離れたところにある、個人経営のちょっと高めの喫茶《きっさ》店が毎日の行き先でした。私の関心が紅茶という嗜好《しこう》品に向いていたのは、当時好きだった漫画『ローゼンメイデン』の影響だと思います。余談ですがこの作品の主人公の少年も不登校、引きこもりです。一《いっ》杯《ぱい》800円ほどの気持ちお高めの紅茶とスコーン……私の不登校の記憶は、おもにこの2つで成り立っています。母だけではなく、高めのお茶代、毎日分の資金を惜《お》しみなく出してくれた父にも感謝しています。

高校に上がっても私の不登校は続きました。ほぼ毎日、他の生徒がするように通学できるようになったのは、おそらく高校2年生になってから――いや、高校3年生かもしれません。私の出席日数が卒業するのに足りないかもしれないギリギリのところまで減ってしまい、高校2年生あたりから、無理矢理けり出されるように通学を強いられるようになりました。

友だちと一緒に卒業したい。大学に通いたい。そんなことを思い、主張した私を思ってのことでしょう。かなりきつく学校に行くように言われました。それでも、学校に行かれないときは父が通勤がてら私（と同じ学校に通う妹）を学校まで送ってくれました。妹も、別校舎の私の様子を見に、毎日昼休みに教室や保健室へ来てくれました。

保健室登校をさせてくれた養護の先生にも本当にお世話になりました。そういう人の温かみに支えられた毎日を何とか過ごしているうちに、普通に学校に行かれるようになりました。「このプリント3枚やってきたら卒業させてあげる」という温情を見せてくれた数学の先生の慈悲《じひ》もあり、なんとか友だちと一緒に卒業することができました。進学先も決まっていて、障害は多かったけれど、当事者としてはおおむね「ハッピーエンド」と言って差し支えない不登校生活だったと思います。

今、不登校中のあなたへ。不登校の理由が何であれ、別に学校は「行かなければ死ぬ場所」ではありません。もちろん、学歴がつかなければ相応の苦労をすることは否めませんが、どんな人生でも何かしらの苦労は避けて通れません。何を捨てて何を取るかの違いです。あなたのオリジナルの人生を生きてください。

今、不登校のお子さんや生徒さんをお持ちの大人の方へ。当人が自分で何かしらのアクションを起こすまで、行き先を待ってあげてください。私は特別恵《めぐ》まれていた自覚があるので、同じような対応をしてくれとは言いません。でも、不登校児の苦しみは、おそらく大人になってから長く時間の経った私たちには計り知れないものだと思います。不登校児に寄りそってあげてください。それはその子によって変わってきます。一定の距離を保つことであったり、逆に一緒におしゃべりをしながらお茶を飲むことだったりします。その子の性質を見極め、対応してあげてください。

これを読んでくださった方へ。今はもちろん、

私はおそらく当時もとても幸せでした。読んでいただきありがとうございました。（キセ）

生き続けてもらうために

学校へ行かない（行けない・行きたくない）という行動を起こすのは、すごく勇気のいることだと思います。きっと周囲にいろいろ言われるでしょう。それでも「自分を守る」という素晴らしい行動だと思います。

私の娘《むすめ》はイジメから不登校になりました。小3〜中3までの7年間です。

私が娘の不登校を通して学んだことは、「学校へ行くのは生きて行くための方法のひとつであって目的ではない」ということ。ひとつの方法につまずいただけなのに、人生が終わったような錯覚《さっかく》に囚《とら》われてしまう。生きるか死ぬかまで追い込まれてしまう。だから伝えたい。

「生きて行く方法はたくさんある。苦しいならひとつの方法にしばられないでほしい」と。

娘が小学校3年生のとき、いつものように一緒にお風呂に入って頭を洗っていた娘が、ボソッと振りしぼるように、「学校へ行きたくない」と言いました。

やっとの思いで「学校へ行きたくない」と言った娘に、私は「どう説得したら学校へ行ってもらえるか？」ばかりを考えていました。

当時私は母子家庭でふたりの娘を抱え、「ちゃんと育てなきゃ」という見えないプレッシャーと戦っていました。「母子家庭だから子どもをちゃんと育てられないんだ」とは言われたくない。だから学校に行けない娘に、「頑張れ、負けるな！」と励ましたり、怒ったり怒鳴ったりしました。娘はとても素直で頑張り屋さんでしたから、そんな私の対応にトボトボと学校に向かいました。あの小さな後ろ姿は今も忘れられません。本当にかわいそうなことをたくさんしました。

娘は頑張って登校し、そして傷ついて帰ってきました。日に日に娘の顔から笑顔が消え、悲しい顔になり、無表情へと変わっていきました。

10年前は、今よりも不登校は「怠《なま》け」「努力不足」「弱い」という雰囲気でした。「あなたは子どもを甘《あま》やかしている。不登校は子育ての問題」という感じでした。私でなければもっと上手に子どもを育てられたのか。私でなければ、いじめから守ってあげられたのか？

自分が情けなくて、悔しくて、悲しくて、惨《みじ》めで、娘にも申し訳ないと思う毎日でした。

家にいる娘はただボーッとしていて生気を感じられませんでした。もしかしたらこの子は本当に死んでしまうかもしれない、今日仕事から帰ってきたらこの子が横たわっていて息をしていないかもしれない……いつからかそんな恐怖も感じ始めました。

だから私は学校へ無理に行かせようとするのをやめました。学校に行かせることより、生きてもらうことを優先しました。「今日も明日も明後日も生き続けてもらうにはどうしたらいいのか？」を考えました。

子どもが生まれたときは、息をしているだけで安心しました。生きているだけで良かったんです。笑ってくれると最高に幸せを感じました。でもいつのまにか、どんどん子どもに期待や世の中のルールや常識を背負わせていました。子どもがつらいと言っているのに、素直にその言葉に耳を傾《かたむ》けられず、学校へ行かせるという「世の中の普通」に合わせることに必死になっていました。

「子どもが死んでしまうかもしれない」

そう思ったとき、世間と比べること、世間の普通や評価を気にすることをやめました。「生きてればいいいじゃん！」と。

学校に行けないなら、私が生き方を伝えよう。私が生き方の見本になろう。そして私自身の生き方を変えました。当時口癖《くちぐせ》だった、「今日も疲《つか》れた」「お母さんは忙しい」をやめ、いろんな言い訳をしてやらなかったことにどんどんチャレンジすることにしました。娘に「こんな大人になってほしい」と思う理想の大人に自分を変えていきました。

怒ってでも学校に行かせようとしない私のやり方を、「甘やかしている」という人たちはもちろんいました。いろんな人に、「本人を強くしなければ」というようなことをたくさん言われました。でも私は「生きてもらう」ために自分の方針を変えませんでした。娘の人生に責任を持つのは私以外に誰もいない。目標は「学校へ行かせる」ことではなく、「生きて大人になってもらうこと」「生き抜く力を育てること」だから。

娘は中学2年生から学校に行ける日も増え、高校ではバンドを組み、いろんなイベントに出演するようになりました。朝当たり前のように起きてご飯を食べて制服を着て、「行ってきます」と出かけて行く。それが奇《き》跡《せき》のようでした。東京の専門学校に入学し、2年半の一人暮らしをして戻ってきました。

私は不登校という、自分の子育てを試される大きな壁《かべ》にぶち当たりました。その壁を乗り越えるには、本当に大切なものを見極めて守ることだと考えました。本当に大切なもの、それは娘の笑顔でした。

世の中の普通と比べることや他の人からの評価を「必要ない」と人生からそぎ落とすことができた私は、娘の不登校があったからこそ、今は娘と友だちのように仲良く過ごしています。娘が勇気を持って「学校へ行きたくない」と伝えてくれたから、今までの子育てを見直し、自分の生き方や価値観を見直し、どうやって生きて行くかを今まで以上に真剣に考えました。

娘は成人し、不登校のお母さん向けに経験を伝えている私の活動に参加してくれています。今、子どもの不登校で悩んでいるお母さんたちに、たくさんの希望と勇気を伝えています。

学校へ行けない時期があっても、どう生きるかです。大丈夫、大人が一緒に考えてくれます。そのための人生の先輩なんです。

（沖縄県　moco　https://mother.okinawa/）

みんなへのメッセージ――おわりに

これで僕の話は終わりです。この本で僕が伝えたかったのは、「学校に行かないという選択肢があること」と「正しい不登校のやり方」。でも、学校に行かないという選択は別に楽な道ではないから気軽に考えないでほしい。この本に書いたことは、あくまでも僕の体験談だし、誰もが同じようにできるとは思っていないから。

僕はこれまでにたくさんの当事者と会ってきたし、学校の先生も含めていろいろな人と話をした上でこれを書いたので、内容については「大丈夫」だという自信はある。でも、最後の選択はキミ自身で決めるしかない。僕はキミの人生に責任を取れるわけじゃないから。

つらくても学校に通ったほうがいいという判断もあると思う。僕に提示できるのは「学校に行かない」という選択肢と、行かない選択をしたときに役立ちそうなアドバイスだけだ。もし「行かない」という選択をするなら、この本に書いてあることを何かひとつでもいいから試してみてほしい。

ところで、僕はＡＯ入試で大学に進学したという話をしたけど、実際のところ学歴は特に重要ではないと思っている。

たとえば、ケーススタディで紹介した家入さんは、学歴はないけどすごい会社の社長さんだ。家入さんはビジネスの世界で成功している人だけど、それ以外の世界でも、学歴はなくても活躍している人がたくさんいる。

ほら、野球の大谷翔平くんは大学には行ってないよね。もしプロからのオファーを断って「大学に行きます」って言ったらどう思う？　たぶん多くの人が反対するんじゃないかな。

将棋《しょうぎ》の藤井聡太くんもそうだよね。彼は高校に通いながらプロ棋士《きし》をしているみたいだけど、「高校には行かずに将棋に専念したほうがいいんじゃない？」って思わないかな？

このふたりはわかりやすい例だけど、学歴がなくても社会で活躍してる人はほかにもいっぱいいる。僕のまわりにもたくさんいるし、よかったらまわりの人に聞いたりして、一度調べてみてほしい。いろいろな世界に、元不登校の有名人がたくさんいることに気づくはずだ。

重要なのは学歴じゃなくて、それに代わる「何か」を作ること。夢中になれる「何か」。大谷選手の野球、藤井くんの将棋のように。その「何か」は、もしかするとキミが学校に行かなかった時間にハマっていたものかもしれない。

＊

　さて、何年か前から僕はずっと本を出したいと思っていた。最初のキッカケは高校３年生のとき。起業する少し前。ある中学校の校長先生から、「小幡くんの経験をうちの生徒に話してほしい」という講演のお誘いをいただいた。

　じつは、僕はそれまで自分が不登校だということを隠していた。自分から話したいことではなかったからだけど、そういう感じだったから、そのお誘いを受けるべきかどうか悩んだ。でも、僕の体験を話してみるせっかく機会なので受けることにした。

　とても緊張した。初めて大勢の人の前で自分の体験を夢中になって話した。時間があっという間に過ぎた感じ。帰り際に先生からお礼の言葉と生徒からの感想文をもらうことができた。

「じつは昔、不登校でした。小幡さんの話を聞いて自分も頑張ろうと思いました」
「友人が不登校でした。何もしてあげられなかったのがとても悔しいです」
「自分は不登校の経験はないけど、チャレンジしている小幡さんをとてもかっこいいと思いました。自分もチャレンジします」

感想文を読んで、僕は涙が止まらなかった。僕の話でみんながいろいろなことを感じてくれたことに感動した。

それから数年が経ち、僕はクラウドファンディングでお金を集めて、自分の体験を本にまとめて自費出版した。お金を出してくれた人にはその本を2冊ずつ渡した。1冊は本人用に、もう1冊は母校に寄贈《きぞう》してくださいとお願いして。

縁《えん》があって今回、その本をもとに再編集して一般向けの本として出すことができた。これでさらにたくさんの人に届けられることになる。それがとても嬉しい。

まずは第一歩。でもまだ第一歩。

僕はもっと頑張って不登校の星になる。僕がもっと有名になれば、もっとたくさんの人に伝えられるし、僕がうまくいかなかったら説得力がないしね。だからもっと頑張ります。

そして、いつかキミたちに会える日を楽しみにしています。

小幡和輝

保護者の皆さんへ——おわりのおわりに

子どもが不登校になったらすごく心配だと思います。決められたレールを外れて、それからどうなるのか。でも、僕は本当に無理をしてまで学校に行く理由がわかりません。学校に行かなくてもちゃんと生きていけます。

時代は変化しています。学校以外の学び場がたくさん増えています。家から出なくてもインターネットを使えばたくさんの情報に触れることができます。

不安になるのは情報がないからです。不登校の体験談は、インターネットで検索すればいくらでも出てきます。僕がこの本に書いたことも参考になるかもしれません。参考になったらいいいな。

一度、固定観念を捨ててみてください。子どもと向き合って学校のことを話してみてください。僕はずっと学校に行かなくてもいいとは思っていません。僕も高校からは定時制高校に行きました。行きだしたきっかけは、適応指導教室で出会った友人が定時制高校に行きだしたからです。それから現在のような活動を始めたきっかけは、定時制高校時代にたまたま出会った高校生が、音楽好きでバンドを組んでライブイベントを企画していたからです。彼に憧れ、彼のイベントを手伝っているうちに、自分でもイベントを企画したくなり、何度かやってみた結果これを仕事にしたいという思いが生まれ、そのまま起業しました。

人との出会いは、よくも悪くも人に影響を与えます。僕が小さい頃の人との出会いは最悪でした。でも、僕を変えてくれたのもまた人との出会いでした。

環境を変えることで新しい可能性が開けるかもしれません。大丈夫です。温かく見守ってあげてください。

最後までお付き合いいただいてありがとうございました。

2018年6月　小幡和輝

◎体験談をもっと読みたい人はこちらへ
【小幡和輝公式ブログ】http://www.obatakazuki.com/
◎お知らせ／2018年8月、不登校の本人と保護者向けのイベントを全国各地で開催します。
詳しくはこちらへ【#不登校は不幸じゃない】http://www.nagomiobata.com/

学校は行かなくてもいい

―― 親子で読みたい「正しい不登校のやり方」

2018年7月20日　初版発行

著　者　　小幡和輝

発行者　　小林真弓
発行所　　株式会社 健康ジャーナル社
〒103-0023 東京都中央区日本橋本町 4-12-14
日本橋ケーエスビル 4F
Tel 03-3527-3735　Fax 03-3527-3736
URL http://www.kenko-journal.com/

印刷・製本　シナノ印刷株式会社

ISBN978-4-907838-90-4　C0095

＊定価はカバーに表示してあります。
＊落丁・乱丁などがありましたら、弊社送料負担の上、お取替えいたします。